KLEINE SCHACHBÜCHEREI

Band 24

Herausgeber Manfred van Fondern

Werner Speckmann

Schachminiaturen mit schwarzer Dame

– Probleme und Studien –

Joachim Beyer Verlag – 8607 Hollfeld/Ofr.

ISBN 3-88805-077-4

Satz: Schach-Spezialsatz Bernd Feustel, 8600 Bamberg
Druck: Beyer-Druck, Langgasse 23, Hollfeld

Inhalt

Petrucchio:
Ich bin's, der heut mit Recht
der Sieger heiße,
....
Hortensio:
Die Widerspenst'ge hast du
gut gebändigt
Lucentio:
Ein Wunder bleibt's, daß dies
so glücklich endet.
(Shakespeare, Der Widerspenstigen Zähmung)

Vorwort

Dieses Buch ist im Hauptteil einer besonders reizvollen Art von spielgerechten Schachproblemen gewidmet: den Miniaturen mit schwarzer Dame in der Anfangsstellung.
Schachprobleme sind erdachte Kompositionen, in denen Weiß (spätestens) in einer angegebenen Zügezahl mattzusetzen hat. Als „Miniatur" bezeichnet man es, wenn zu Anfang nicht mehr als sieben Steine auf dem Brett sind; solche Kleinaufgaben erfreuen sich verständlicherweise großer Beliebtheit.

Die Dame ist die bei weitem stärkste Figur im Schach. Da im Schachproblem Weiß mattsetzt, steht hier im Endergebnis die schwarze Dame – als tragische Gestalt – stets auf verlorenem Posten. Bis es so weit ist, kann sie aber aufgrund ihrer Machtfülle eine starke Verteidigungskraft entfalten, und diese macht sich in der Regel in besonderem Maße dann geltend, wenn das Brett mit nur wenigen Steinen bevölkert ist.
Solche Aufgaben haben ihren besonderen Charakter und Reiz; und deshalb dürfen unter den Miniaturen von Qualität gerade solche, in denen die schwarze Dame anzutreffen ist und diese eine wichtige Rolle spielt, spezieller Beachtung gewiß sein.

Mit diesem Buch lege ich eine Auswahl von 180 solcher Probleme vor, etwa ein Drittel dessen, was ich in vielen Jahren zusammengetragen habe. Als kleine Zugabe habe ich zum Schluß noch 12 Miniaturstudien mit der schwarzen Dame beigefügt. Als Studien bezeichnet man künstliche Endspiele mit besonders überraschendem Lösungsverlauf, also Aufgaben, in denen es nicht – wie bei den Problemen – um die Mattführung als solche, sondern (womit sich ganz andersartige Aspekte ergeben) ganz partiegemäß darum geht, aus einer an sich unterlegenen Stellung ein Remis oder aus einer solchen bzw. bestenfalls gleichwertig erscheinenden Stellung den Gewinn zu erzielen. Bei der Auswahl habe ich hier Wert auf kurzen Lösungsverlauf und darauf gelegt, daß es ohne langwierige Analysen namentlich in Nebenvarianten abgeht, die bei sehr vielen Studien Verständnis und Lösen sehr erschweren.

Was die Schachprobleme – also die den Hauptteil im Buch bildenden Aufgaben mit Mattforderung – betrifft, so habe ich grundsätzlich nur solche berücksichtigt, in denen die schwarze Dame auch als Dame in Erscheinung tritt, wo sie also nicht durch einen Turm oder einen Läufer ersetzt werden kann oder am eigentlichen Geschehen unbeteiligt ist. Am eindruckvollsten ist dabei gewiß, wenn sie frei aufgestellt ist und mit stillen (nicht schachbietenden) Zügen „ausgetrickst" wird. Aber auch wo sie in ihrer Beweglichkeit – durch andere Steine oder Fesselung – mehr oder weniger eingeschränkt ist oder wo dem Schwarzen mit Schachgeboten zu Leibe gerückt wird, ergeben sich angesichts ihrer zugleich orthogonalen wie diagonalen Zugfähigkeit und Wirkungskraft interessante Motive; namentlich bei den Zweizügern wird man die Feststellung machen, daß unter den thematisch besonders reizvollen Aufgaben verhältnismäßig viele mit gefesselter schwarzer Dame anzutreffen sind. Bemerkt sei noch:

Angesichts ihrer Machtfülle muß bei so wenigen Steinen auf dem Brett nicht selten in Kauf genommen werden, daß die schwarze Dame in der Anfangsstellung unparierbare Schachgebote oder sonstige vernichtende Züge zur Verfügung hat, Weiß also seinerseits nicht zimperlich sein darf. Wo der Inhalt der Aufgabe das rechtfertigt, können hier deshalb die Verteidigungskraft von Schwarz stark beschneidende Schlüsselzüge (Schachgebote u.a.) eher in Kauf genommen werden als das gemeinhin der Fall ist.
Die Aufgaben sind nach der Zügezahl geordnet (wobei empfohlen wird, sich zumindest bei den zumeist recht leichten Zweizügern selbst an der Lösung zu versuchen). Innerhalb der Zweizüger (Nr. 1 – 81), Dreizüger (Nr. 82 – 152) und Vierzüger (Nr. 153 – 165) ist die Aufteilung weiter nach Kriterien erfolgt, die sich aus der vorangestellten „Anordnung der Probleme" ergeben; diese ermöglicht es auch, ein gesuchtes Problem schnell aufzufinden oder bei einem hier nicht aufgenommenen Problem festzustellen, ob entsprechende oder ähnliche Aufgaben vorhanden sind. Dieser Orientierung dienen ferner das – zugleich die Auffindung von Aufgaben mit bestimmtem Motiv oder Thema erleichternde – „Sachregister" sowie das „Autorenregister".

Hamm, im Mai 1988
Dr. Werner Speckmann

Einige problemschachliche Grundbegriffe

Wie schon bemerkt, ist es in den folgenden Problemen stets Weiß, der beginnt und das Matt herbeiführt. „Matt in 3 Zügen“ (z.B.) bedeutet also, daß ein weißer Zug – der „Schlüsselzug“ – zu finden ist, nach dem auf jede schwarze Gegenwehr von Weiß das Matt spätestens im 3. Zuge erzwungen werden kann.

Soweit nichts anderes angegeben, soll nur ein einziger erster Zug – der Schlüsselzug – zum Ziele führen; gibt es noch einen weiteren ausreichenden Zug, so ist die Aufgabe nebenlösig und damit inkorrekt.

In den Zügen vor dem Matt hat Weiß drei Mittel, um zum Ziel zu kommen. Es sind dies:

Drohung (die Mattführung, die erfolgen würde, wenn Schwarz nicht zöge),

Zugzwang (es droht nichts – Schwarz wird nur deshalb matt, weil er seiner Zugpflicht genügen muß) und

Schachgebot.

Der Schlüsselzug und jeder Zug vor dem Mattzug verwendet eines dieser Mittel, das dabei innerhalb der Aufgabe wechseln kann.

Varianten werden gebildet: bei einer Drohung durch diejenigen Züge, die diese parieren; bei Zugzwang durch sämtliche (verschiedenartigen) gegnerischen Züge; beim Schachgebot durch alle Züge, die dieses abwehren.

Auch in den Varianten sollen die weißen Züge einschließlich des Mattzuges eindeutig sein, andernfalls liegt ein Dual (Trial...) vor; ein solcher Dual stellt zumeist eine Wertminderung für die Aufgabe dar, er kann aber auch von geringer Bedeutung oder gar belanglos sein.

Von Interesse sind schließlich noch die Mattstellungen, die den Abschluß bilden. Zu unterscheiden sind hier

das *ökonomische Matt*: am Matt sind (außer evtl. dem König und den Bauern) sämtliche weiße Figuren beteiligt und für dieses notwendig;

das *reine Matt*: jedes Feld ist dem schwarzen König nur aus einem Grund unzugänglich: z.B. nur weil es von einem weißen Stein gedeckt oder nur weil es von einem schwarzen Stein geblockt ist (beides darf also nicht gleichzeitig der Fall sein – eine Ausnahme gilt hier bei der notwendigen Fesselung eines schwarzen Steines auf einem Nachbarfeld des Königs);
das Modellmatt: es sind dies Mattstellungen, die zugleich ökonomisch und rein sind.
Das Modellmatt wird naturgemäß am höchsten geschätzt; manche Aufgaben leiten sogar ihren Wert vor allem aus den in ihnen anzutreffenden Modellmatts her.

Ergeben sich in mehreren Varianten (oder Phasen wie Satz, Verführung und Lösung, Zwillingen ...) die – genau oder im wesentlichen – gleichen Mattbilder in unterschiedlicher räumlicher Lage, so liegen *Echo*matts – bei verschiedener Farbe des Standfeldes des schwarzen Königs solche mit Farbwechsel – vor. Entsprechend gibt es auch Echowendungen.
Oft ist von Satzspielen bzw. dem *Satz* die Rede; es sind das die Matts bzw. Mattführungen, die sich ergeben (oder sich zunächst nicht ergeben), wenn man Schwarz anziehen läßt. Der Satz und auch *Fehlversuche* (*Verführungen*) können für den thematischen Gehalt der Aufgabe von Interesse sein.
Bei sonstigen Begriffen ziehe man das Sachregister zurate, in dem unter dem jeweiligen Stichwort die entsprechenden Belegstellen angeführt sind.

Anordnung der Probleme

Wie schon im Vorwort erwähnt, sind die Aufgaben zunächst nach der Zügezahl angeordnet. Bei den 15 Aufgaben mit mehr als vier Zügen bedurfte es einer weiteren Unterteilung nicht, bei den 13 Vierzügern genügte eine Einteilung in zwei Gruppen. Anders verhielt es sich mit den 81 Zwei- und den 71 Dreizügern. Wenn ich – wie es mein Bestreben war – diese Aufgaben so vorführen wollte, daß man gleichartiges schnell aufzufinden in der Lage ist, so mußte ich die Fülle des Materials in eine gewisse sachliche Ordnung bringen. Als geeignetstes Kriterium dafür erwies es sich, grundsätzlich zunächst einmal auf äußerliche (formale) Gesichtspunkte abzustellen:

1. Das Bedürfnis nach einer solchen Gliederung ergab sich vor allem für die Zweizüger. Hier bereitete es auch besondere Schwierigkeiten, ein befriedigendes System zu entwickeln. Ich bin hier wie folgt verfahren:

Als besonderen Komplex habe ich hier am Schluß die Zugwechselzweizüger (von den 65 meiner Sammlung habe ich 19 ausgewählt) zusammengefaßt. Von „Zugwechsel" spricht man, wenn auf jeden schwarzen Zug in der Anfangsstellung – dem „Satz" – ein Matt (bei Aufgaben mit mehr als zwei Zügen auch: eine Mattführung innerhalb der vorgegebenen Zügezahl) bereit liegt. Bei einem solchen Zugwechselproblem kann die Lösung in einem bloßen Wartezug bestehen; interessanter aber ist es zumeist, wenn ein Wartezug nicht zur Verfügung steht und Weiß deshalb genötigt ist, mit einem Schlüsselzug, der das Satzspiel mehr oder weniger ändert, zum Ziele zu kommen.

Die übrigen, also keinen Zugwechsel enthaltenden Zweizüger habe ich danach unterteilt, ob die schwarze Dame nach dem Schlüsselzug gefesselt oder ob sie nicht gefesselt ist. Innerhalb der Aufgaben mit nach dem Schlüsselzug nicht gefesselter schwarzer Dame habe ich dann dar-

auf abgestellt, ob in der Lösung eine weiße Batterie beteiligt oder ob das nicht der Fall ist. Eine „Batterie“ ist eine auf den König (beim aufgedeckten Schach als „direkte“ auf dessen Standfeld oder als „indirekte“ auf dessen Nachbarfeld) gerichtete Abzugskonstellation zweier gegnerischer Steine: hier bot sich dann eine weitere Unterteilung danach an, ob zu Anfang das Vorderstück der Batterie durch die schwarze Dame gefesselt ist (was das Abzugsschach zunächst unmöglich macht) oder nicht.
Wegen der weiteren Unterteilung wird auf die folgende Tabelle verwiesen.
2. Bei den Dreizügern genügte ein etwas gröberer Raster für die Gliederung (mit oder ohne weiße Batterie, jeweils mit weiteren Untergruppen).
Im einzelnen ergibt sich die Anordnung der Aufgaben aus folgender Übersicht.

ÜBERSICHT

(Zahlen = Problemnummer; sD = schwarze Dame)

Zweizüger: 1 – 87

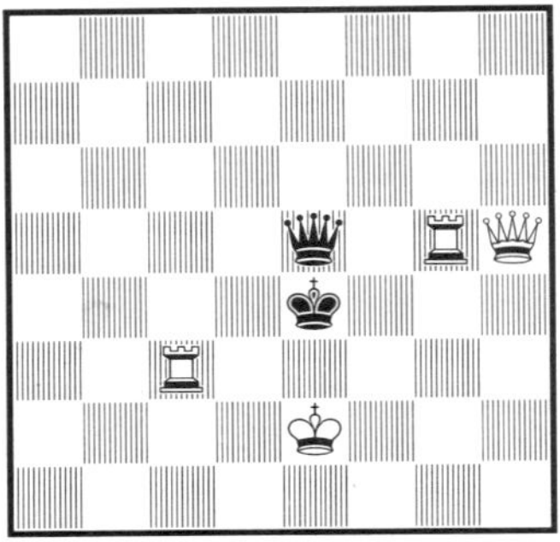

1 **F. Berger**

Deutsche Schachzeitung, 1914

Matt in 2 Zügen

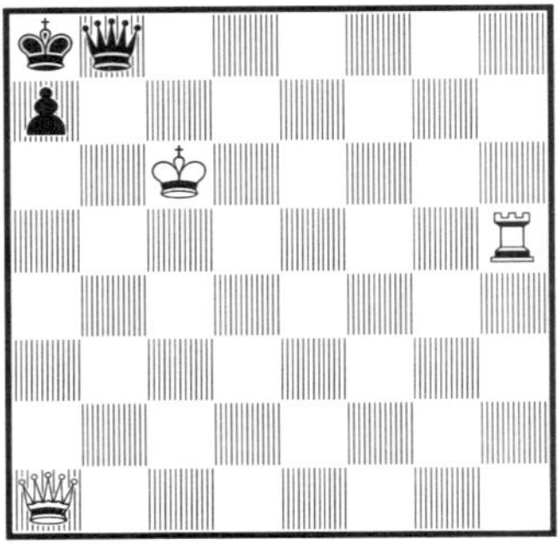

2 **N.G.G. van Dijk**

Dagbladet (Oslo), 1972

Matt in 2 Zügen

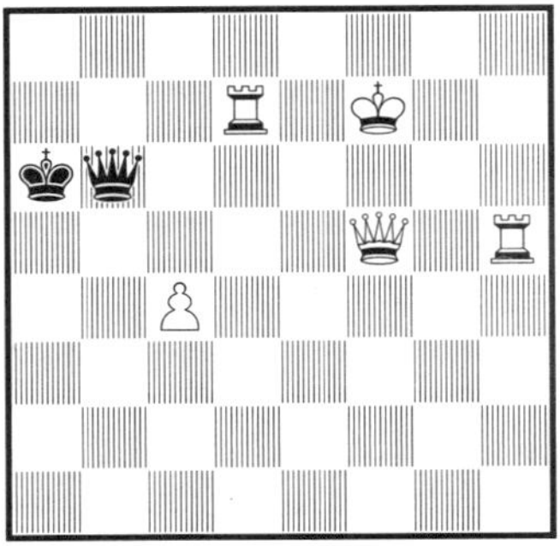

3 **H. Hermanson**

Sztálinváros, 1956

Matt in 2 Zügen

1 1. De8! K~+ (droht) 2. De5:‡
D~ 2. Tc4‡.

Die Weglenkung der sD bewirkt zugleich eine Linienöffnung für den Tg5; auf 1. ... De6 ein Modellmatt mit gefesselter sD. – Der Schlüsselzug ist nicht eben zart besaitet, aber nicht ohne Reiz: auf einen groben Klotz gehört eben ein grober Keil.

2 1. Th8! Zugzwang
Dh8: 2. Dh8:‡
D~ 2. D:T‡
a5/a6 2. D:B‡

Gegenüber dem sonst analogen 1. Dh8? Dh8:/ D~ / a5 2. Th8:‡/D:D‡/Ta5:‡ (aber 1. ... a6!) kommt es – also zwischen Verführung und Lösung – zu sieben Mattwechseln, wohl ein Rekord in der Miniatur; allerdings sind die Matts auf die Züge der sD jeweils gleichartig.

3 1. Th6! De,f,g6+ 2. T:D‡

Im Satz erfolgte 1. ... De,f,g6+ 2. D:D‡; also zwischen Satz und Lösung Mattwechsel auf die drei Schachgebote der sD unter Funktionswechsel von wD und wT (mit jeweils gleichartigen Schlagzügen).

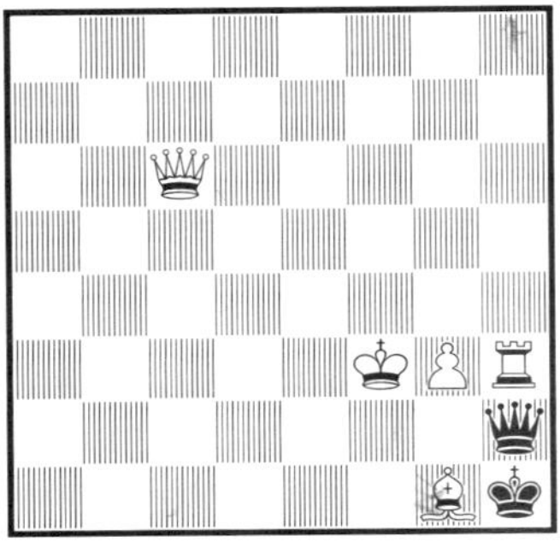

4 **T. Garai**

Mat (Mukatschewo), 1969

Matt in 2 Zügen

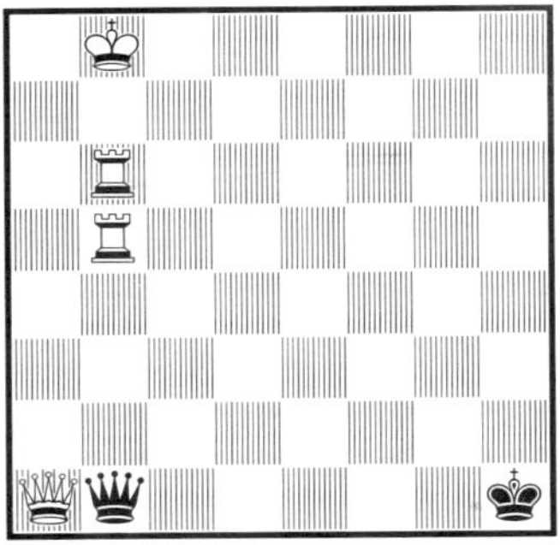

5 **G. Yacoubian**

Tribune de Genève, 1979

Matt in 2 Zügen

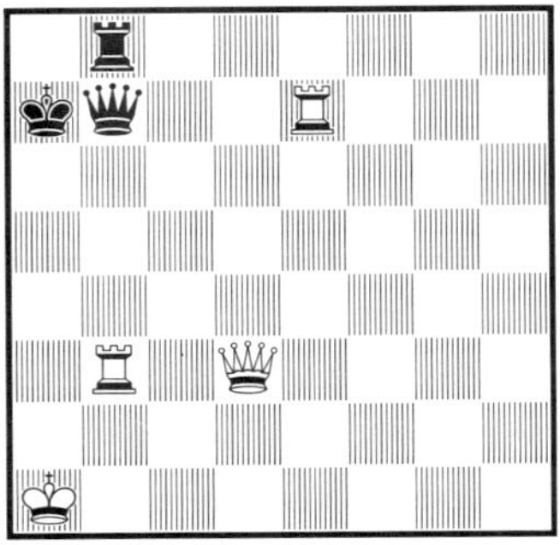

6 **W. Speckmann**

Chess Life, 1972

Matt in 2 Zügen

4 1. Th8! Zugzwang
Dh8:, D~ 2. Kf2‡
Kg1: 2. Dc1‡

In der Anfangsstellung sowie nach 1. Th4,5,6,7? ergibt sich auf 1. ... D:T kein Matt durch 2. Kf2+, weil die damit entfesselte sD von ihrem Schlagfeld aus noch parieren kann: sie muß also für den Schlagzug über den Bereich hinaus, in dem sie noch dazu in der Lage ist, und damit bis h8 weggelenkt werden.

5 1. Tg6! Kh2, droht 2. Dh8‡
D~ 2. Th5‡

Auf der b-Linie besteht eine weiße Halbfesselung der Türme. Nach 1. Tg5? Kh2! (entfesselt die sD) ist deshalb wegen der nun eingetretenen Vollfesselung des Tb6 das Matt durch diesen auf h6 nicht möglich; es müßte 2. Dh8+ geschehen, was aber 2. ... Dh7 zuläßt. Daher muß der andere Turm, der die sD vorsorglich verstellt, auf die g-Linie ziehen. Mit 1. ... D~ entfesselt die sD den auf der b-Linie verbliebenen wT.

6 1. De4! droht 2. Da4‡
Ka8 2. Ta3‡
(ferner 1. ... T~ 2. Db7:‡)

Schwarz pariert das drohende Fesselungsmatt, indem er die orthogonale Fesselung der sD aufhebt, wodurch diese aber in eine diagonale Fesselung gerät (=Fesselungswechsel); zugleich ist damit (1. ... Ka8 2. Da4+? Da6,7) die sog. Nietvelt-Parade (=Selbstfesselung eines Steines durch Schwarz in Erwartung seiner direkten Entfesselung bei Ausführung der Drohung) verwirklicht, und zwar mit dem sK als Schaltstein. 1. Dd5? Ka6!.

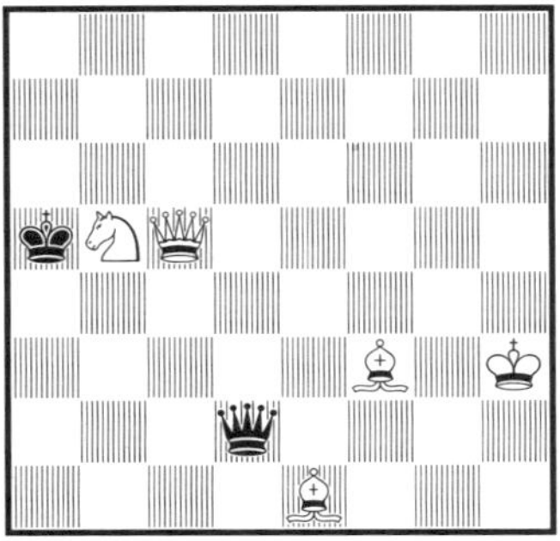

7 **N.J. Gallilejski**

Leninska Molodj, 1967

1. Lob (Miniaturenturnier)

Matt in 2 Zügen

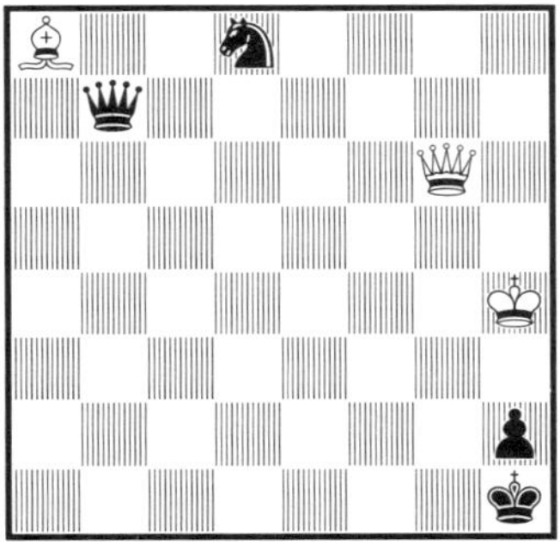

8 **A. N. Lebedew**

Els Escacs a Catalunga, 1934

Matt in 2 Zügen

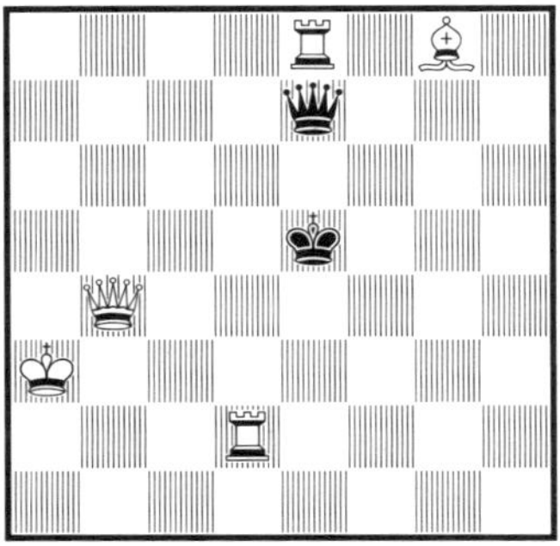

9 **A.M. Koldijk**

E.W.W. -wędstrijd 1938

Spezialpreis

Matt in 2 Zügen

7 1. Le2! droht 2. Sc3‡
Db4 2. Da7‡ (Blockmatt)
(ferner 1. ... Ka6/Ka4 2. Da7‡/Da3‡)
Die gefesselte sD pariert die Drohung, indem sie über c3 hinwegzieht, um so ihre bei Ausführung der Drohung durch weiße Selbstverstellung erfolgende indirekte Entfesselung nutzen zu können (2. Sc3+? Db,c5); eine Variation zur Schiffmann-Parade, die sich von der Nietvelt-Parade (s. Nr. 6) nur dadurch unterscheidet, daß bei ihr die Entfesselung bei Ausführung der Drohung nicht direkt, sondern indirekt erfolgt. – 1. Lc6? (droht 2. Sc7‡) Dc3+!.

8 1. Kh3! droht 2. Db1‡
Sc6 2. Dg2‡
(ferner 1. ... Df3+/Dg2+ 2. Lf3:‡/ Dg2:‡)
Schwarz pariert das drohende Fesselungsmatt durch (indirekte) Entfesselung seiner Dame, die er damit aber gleichzeitig verstellt.

9 1. Lh7! droht 2. Dd6‡
De6 2. Dd4‡
(ferner 1. ... Ke,f6 2. De7:‡)
Die gefesselte sD pariert die Drohung durch Verstellung einer künftigen Wirkungslinie der wD (2. Dd6+? Kf6), dabei entfesselt sie diese aber und blockt zugleich das Feld e6.

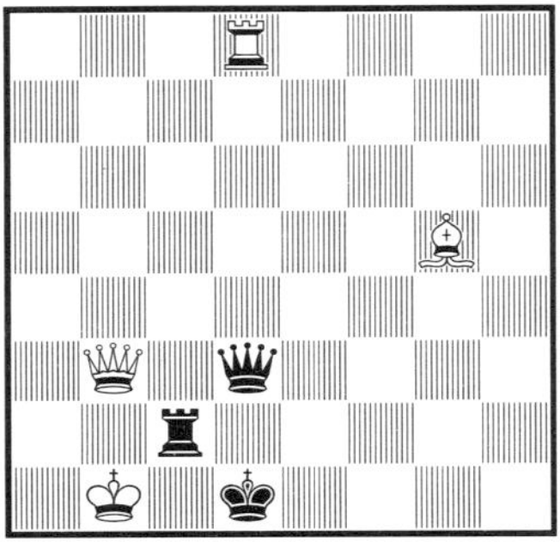

10 L. Jacometti

L'Italia Scacchistica, 1915

Matt in 2 Zügen

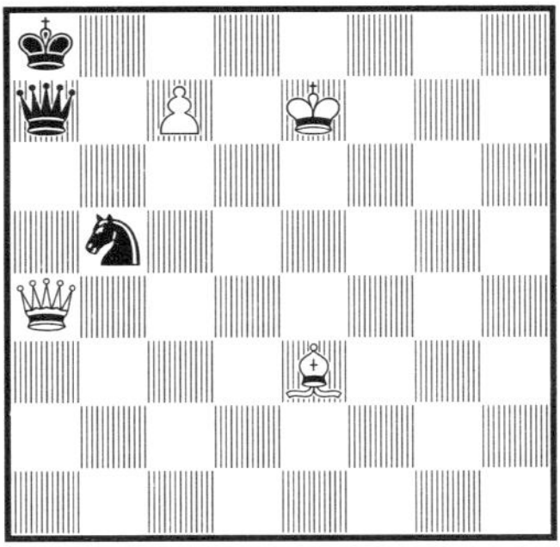

11 C. Kainer

Narodni obosrenje, 1927

Matt in 2 Zügen

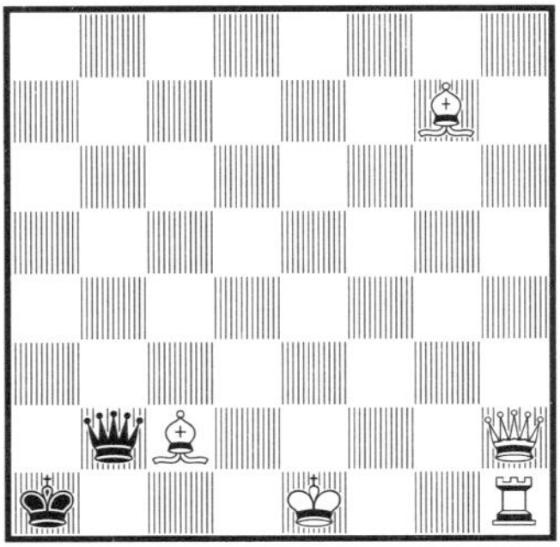

12 I. Godal

nach H. Fröberg

Hamar Arbeiderblad, 1964

Matt in 2 Zügen

10 1. Lh4! droht 2. Dc2:‡
Dd2 2. Df3‡
(ferner 1. ... K~ 2. Dd3:‡)

Die gefesselte sD pariert die Drohung, indem sie die künftige Wirkungslinie der wD verstellt (2. Dc2:+? Ke2); damit wird aber durch sie, unter gleichzeitiger Blockung von d2 und Öffnung der 3. Reihe, der sT seitlich verstellt, was das diesen entfesselnde Damenmatt auf f3 ermöglicht: eine Darstellung des Gamage-Themas (Entfesselung einer gegnerischen Figur nach deren Verstellung), hier mit weiteren Motiven verknüpft.

11 1. Kd8! droht 2. c8D‡
Da5 2. De4‡
(ferner 1. ... Kb7/Sc7: 2. c8D‡/ Da7:‡)

Die gefesselte sD pariert die Drohung durch Fesselung des zuvor mit dem Schlüsselzug entfesselten Drohsteins, gerät hierdurch aber auf eine durch den sS verstellte Linie, was (eine Version zum Gamage-Thema, s. Nr. 10) das Diagonalmatt – ein Modellmatt – mit ihrer Entfesselung ermöglicht.

12 1. Lg6! droht 2. Db2:‡
Dg7: 2. 0–0‡
(ferner 1. ... D~ 2. L:D‡)

Der wL verstellt der sD vorsorglich die g-Linie (1. Ld3, e4...?), um so auf 1. ... Dg7: die Rochade zu ermöglichen. – Die Rochade gilt im Schachproblem als zulässig, wenn die Stellung nicht ergibt, daß König oder Turm bereits gezogen haben.

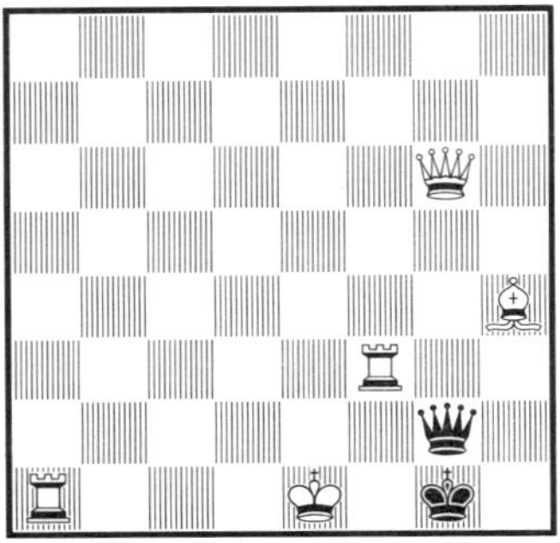

13 **J. Scheel**

De Maasbode, 1937

Matt in 2 Zügen

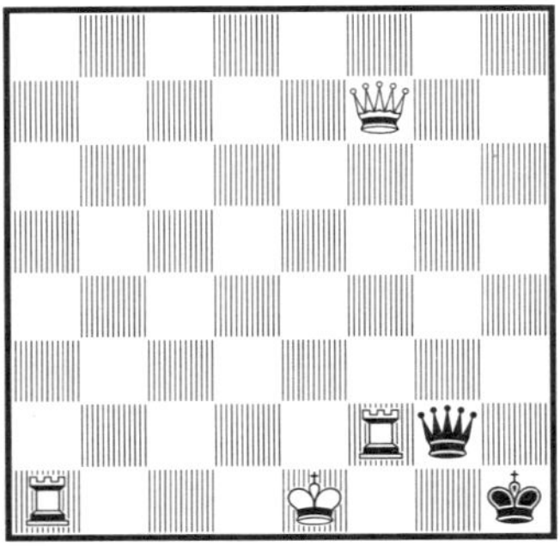

14 **V. Pachman – W. Speckmann**

Československy Šach, 1950 / Većerni Novosti, 1971

Matt in 2 Zügen

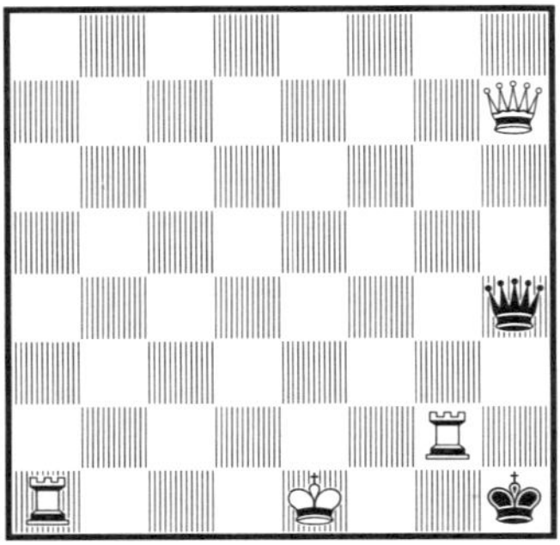

15 **W. Speckmann**

Die Schwalbe, 1973

Matt in 2 Zügen

13 1. Tf2! droht 2. Dg2:‡
Dg3,g5 2. Ke2‡
Dg4 2. Kd2‡
Dg6: 2. 0–0–0‡

Die drei Matts, durch die beiden Königsabzüge und die Rochade, werden hier (was durch die Verstellung des wL bei 1. ... Dg3 erreicht ist) auf alle vier Züge der sD dualfrei differenziert; s. zu Nr. 14.

14 1. Db7! droht 2. Dg2:‡
Df3, De4+ 2. Kd2‡
Dd5 2. Ke2‡
Db7: 2. 0–0–0‡

Der Schlüsselzug ist als Auswahlmanöver strategisch begründet: 1. Df3? (Df3:! 2. Kd2+ Dd1) und 1. Dd5? (Dd5:! 2. Ke2+ Dd1) scheitern, weil die nach Schlagen der wD entfesselte sD nicht weit genug nach links – antiperikritisch in bezug auf das Feld c1 – abgelenkt ist und so noch die Rochade verhindert.

Es gibt zahlreiche weitere Darstellungen dieser dreifachen Differenzierung durch die sD bei (langer oder kurzer) Rochade; außer Nr. 13 – die deshalb hier das „Spitzenproblem" ist – weisen alle auf einen der vier Damenzüge (in Nr. 14 nach 1. ... Dc6) einen Dual auf.

15 1. Tf2! Dh5 2. Kd2‡
Dh6 2. Ke2‡
Dh7: 2. 0–0–0‡

Alle drei Mattzüge drohen, sie werden durch obige drei Züge der sD differenziert (ein Fall des sog. „Fleckthema" – hier in seiner freien, d.h. nicht durchweg duallosen Form).

Um das mit diesen drei Matts als Miniatur darzustellen, mußte der wK zu Anfang im Schach stehen. 1. Tg3? (droht 2. D:D‡, 1. ... Dh7:!) ergibt mit 1. ... Dh2 2. 0–0–0‡ ein weiteres Rochadematt, hier mit gefesselter sD. 1. Kf1? Dh7:!.

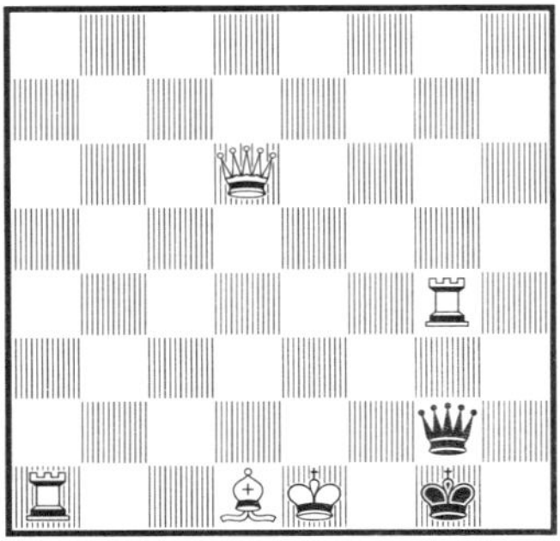

16 B. Giöbel

Tidskrift för Schack, 1929

Matt in 2 Zügen

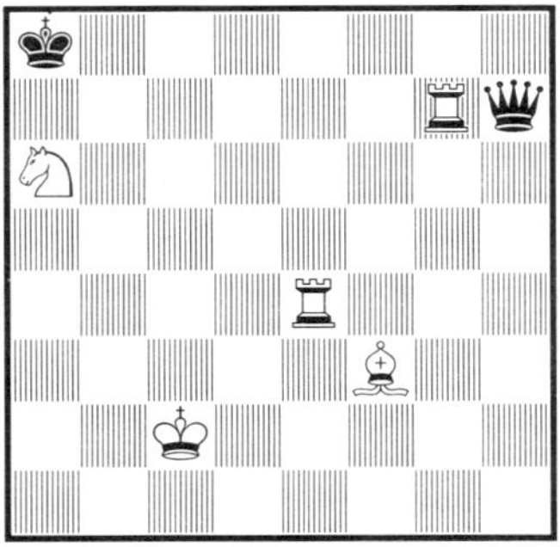

17 M. Niemeijer

Majesteitsschennis, 1971

Matt in 2 Zügen

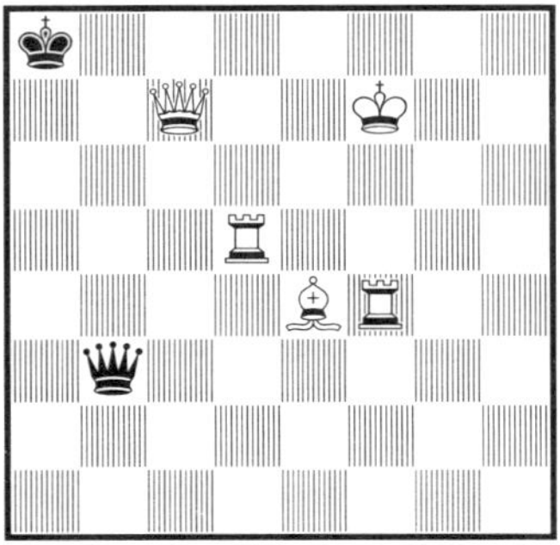

18 E. Letzén

Sydsvenska Dagbladet
Snällposten, 1921
1. Preis

Matt in 2 Zügen

16 1. Lf3! Zugzwang

Kh1	2. 0–0–0‡
Dg3+	2. Dg3:‡
Dg4:	2. Ke2‡

Im ersten Abspiel Rochadematt auf Fesselungswechsel für die sD, im zweiten geht wegen der Verstellung der wD nicht auch 2. Ke2.

17 1. Kb3! droht 2. Te8‡

Dg7:	2. Te7‡
Dg8+	2. Te6‡ (2. Tc4?)

Direkte Entfesselung des Te4 im Schlüsselzug mit drei Abzugsschachs, davon ein Kreuzschach (als solches bezeichnet man ein Gegenschach, das nicht im Schlagen des schachbietenden Steins besteht; es kann als Abzugsschach aber auch batterielos erfolgen). – 1. Kb2, Kc3? Dg7:+!, 1. Kd2? (Dh2+? 2. Te2‡, ein weiteres Kreuzschach) Dh6+!, 1. Kd1? Dh1+!.

18 1. Kg8! Zugzwang

Da2, Dc4	2. Tf8‡
Db8+ / Db7	2. Td8‡ / Ta5‡
Dg3+	2 Tg5‡

Den Turm entfesselnde Züge des wK werden durch die sD mit Schachgeboten pariert. Nach dem die Fesselung aufrechterhaltenden Schlüsselzug muß die sD in brennpunktartiger Stellung (auf 1. ... D~ daher mehrere Matts) die Kontrolle der Batterie oder der 8. Reihe aufgeben. Es kommt zu drei Abzugsmatts des wT, davon zwei als Kreuzschachs und eines mit Absperrung der sD; auf 1. ... Db8+ und 1. ... Db7 erfolgt im Mattzug jeweils eine Fesselung der sD durch einen Zug des zuvor von ihr entfesselten wT.

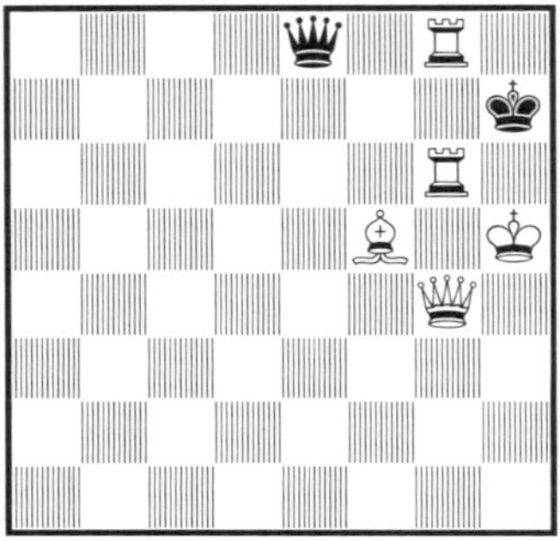

19 W. Bron

Tschuwachisches Problemturnier, 1955

Matt in 2 Zügen

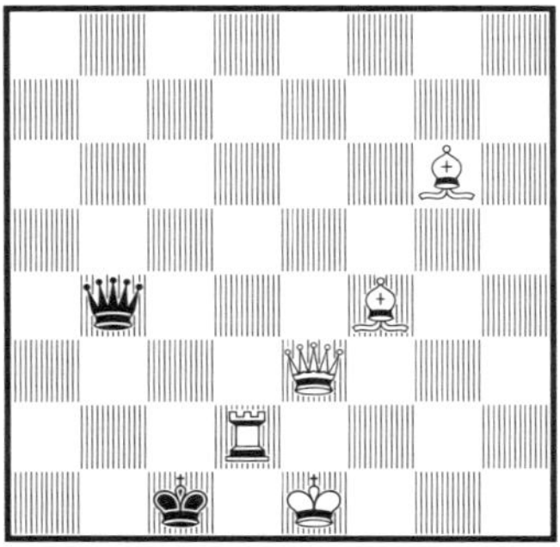

20 E. Svedberg

Tidskrift för Schack, 1974

Matt in 2 Zügen

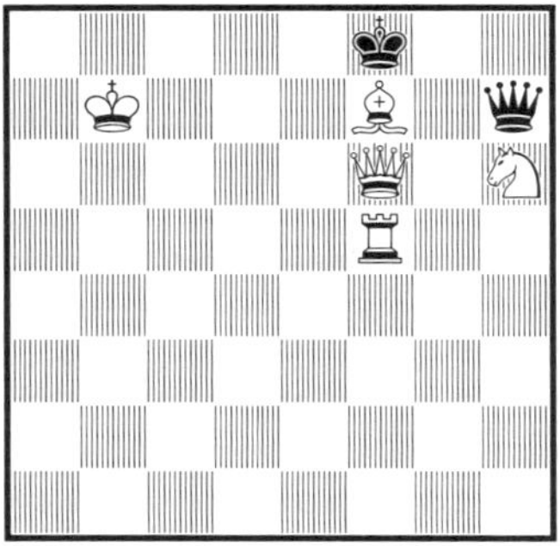

21 A. N. Lebedew

Sadatschi i Etjudi, 1929

Matt in 2 Zügen

19 1. Dc4! Zugzwang
Dg6:+ 2. Lg6:‡
De2+ 2. Tg4‡
(ferner 1. ... Df7/Dg8:/Df8 u.a. 2. Df7:‡/D,Tg8:‡/T6g7,h6‡)
Schachprovokation durch Linienöffnung für die sD, Kreuzschach auf 1. ... De2+ sowie Mattwechsel auf das Schachgebot 1. ... Dg6:+ gegenüber dem Satz (dort 2. Dg6:‡). – 1. Dg5? De2+!, durch ihren in verbahnender Richtung ausgeführten Zug verstellt die wD dem Tg6 den Zugang zu dem von ihm für ein Abzugsschach benötigten Feld g4.

20 1. De2! droht 2. Dd1‡
De4(7) 2. Td1‡
(ferner 1. ... Db3, Da4/Dd2:+ 2. Td1‡/Dd2:‡)
Die sD fesselt zur Verteidigung gegen die Drohung die wD und entfesselt dabei den wT.

21 1. Te5! droht 2. Te8‡
Db1+ 2. Lb3‡
De4+ 2. Ld5‡
(ferner 1. ... Df7: 2. Df7:‡)
Schachprovokation durch Linienöffnung nebst zwei Kreuzschachs des durch die sD entfesselten wL.

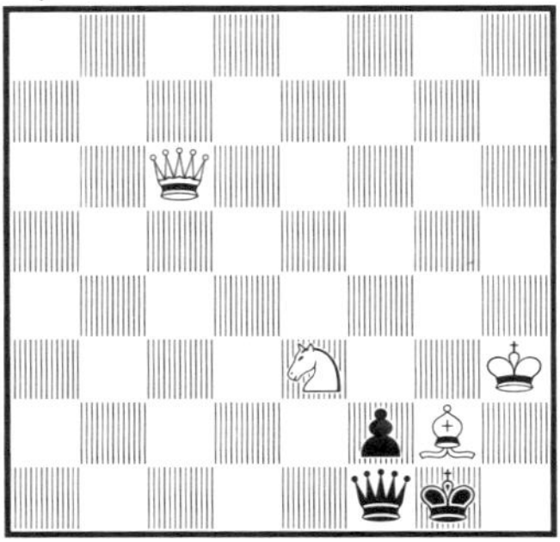

22 **M. Lipton**

The Problemist, 1952

Matt in 2 Zügen

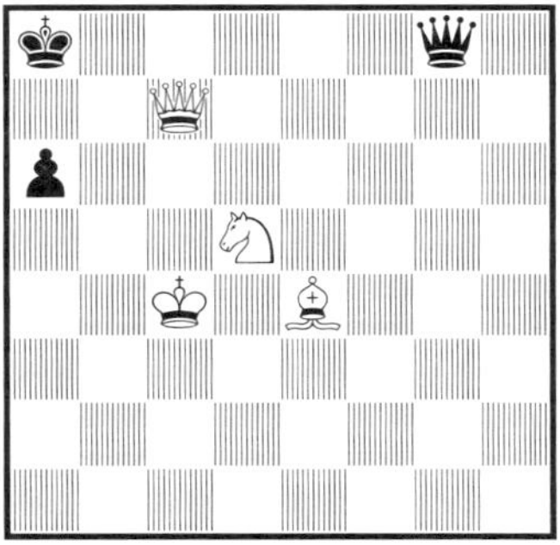

23 **A. Piatesi**

Riviera dei Fiori, 1971

1. Preis (Miniaturenturnier)

Matt in 2 Zügen

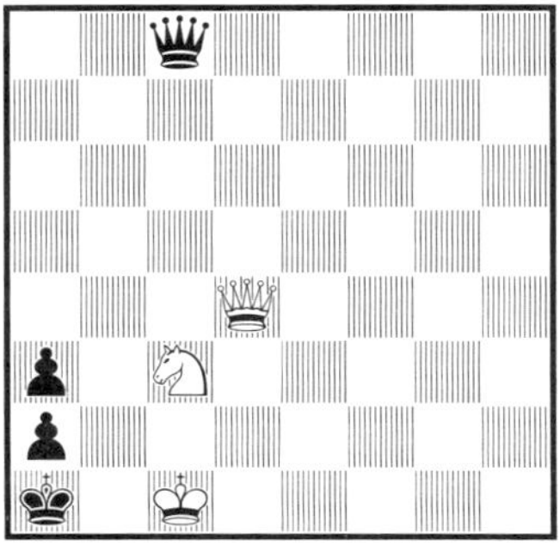

24 **H. Hultberg**

Svenska Dagbladet, 1928

Sonderpreis für Miniaturen

Matt in 2 Zügen

22 1. Dg6! Zugzwang

Dd1, De2	2. Lf3‡
Db1, Dd3, Dc4	2. Le4‡
Db5	2. Ld5‡
Da6	2. Lc6‡

(ferner 1. ... Dg2:+ 2. Dg2:‡, auf andere Züge der sD mehrere Abzüge des wL). Vier Abzugsmatts des durch die sD entfesselten wL unter deren Absperrung von der Mattlinie.

23 1. Kc3! droht 2. Sb6‡

Dh8, g7+	2. Sf6‡
Dg3+	2. Se3‡

(ferner 1. ... Dd5: 2. Ld5:‡)
Im Schlüsselzug weiße Selbstentfesselung des Springers. 1. Kd3,4? Dd8!, 1. Kc5? (Df8+? 2. Se7‡) Dg5! – diese beiden den wS ebenfalls entfesselnden Königszüge werden also durch dessen erneute Fesselung pariert. In Lösung und Verführung mehrere Matts durch Kreuzschachs.

24 1. Kc2! droht 2. Dd,g1‡

Db~	2. Sb5‡
Dd~	2. Sd5‡
Df5+, Dg4	2. Se4‡

(ferner 1. ... Dc3:+ 2. Dc3:‡)
Drei Abzugsschachs des wS nach dessen Entfesselung durch die sD mit deren Verstellung, dabei ein Kreuzschach.

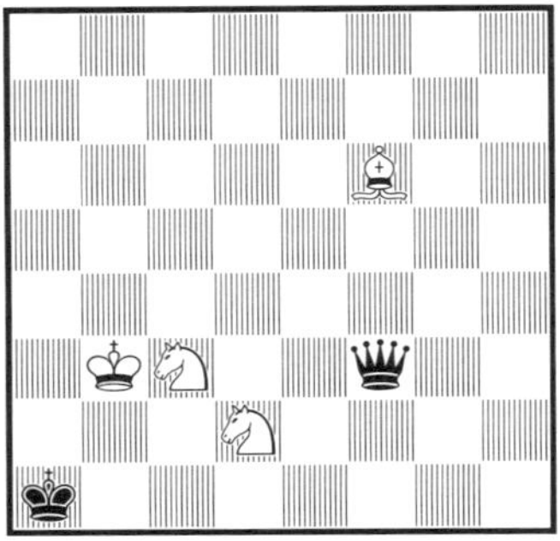

25 **M. Otte**

Denken und Raten, 1934

Matt in 2 Zügen

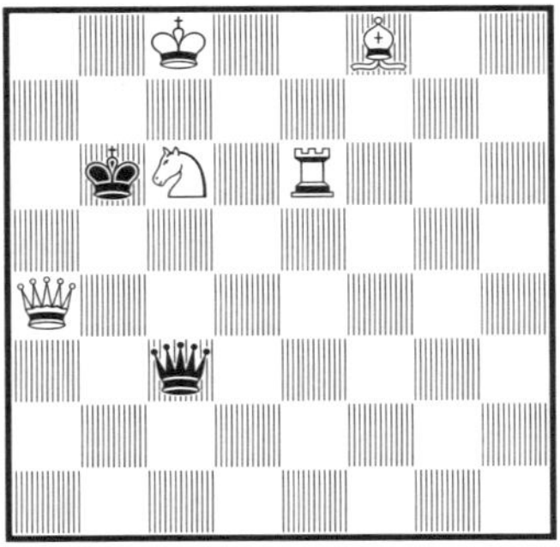

26 **H.V. Tuxen**

Tidskrift för Schack, 1962

Matt in 2 Zügen

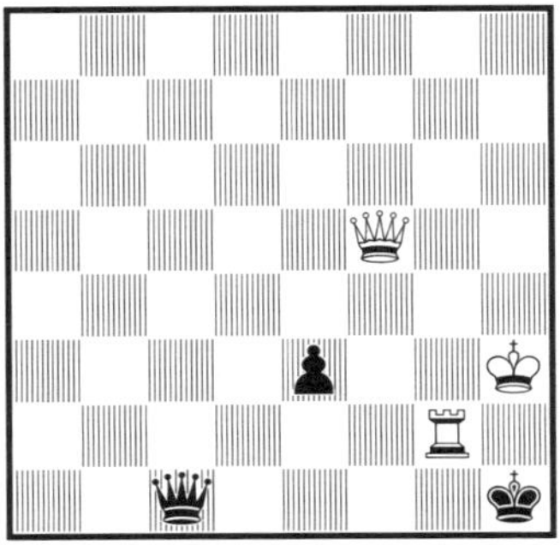

27 **C. Vaughan**

The Problemist, 1978

Matt in 2 Zügen

25 1. Ka3! droht 2. Sb3‡
Da8+ 2. Sa4‡
Db7 2. Sb5‡
Dd5 2. Sd5:‡
Dd1 2. Sd1:‡
(ferner 1. ... Dc3:+ 2. Lc3:‡)
Vier Abzugsmatts des durch die sD entfesselten Springers mit deren Absperrung bzw. Schlagen, davon ein Kreuzschach. Die sD wird hier allein durch leichte Figuren gebändigt.

26 1. Le7! Zugzwang
Dc~, Da5 2. Da5‡
Db4/Dd2/De1 2. Sb4:‡ / Sd4‡ / Se5‡
Dh8+ 2. Sd8‡
Dc5 2. Ld8‡
(ferner 1. ... Dc6:+ 2. Tc6:‡, auf 1. ... D~ mehrere Springerabzüge)
Im Satz liegen auf alle Züge der in brennpunktartiger Stellung befindlichen sD Matts bereit, außer auf 1. ... Dc5, womit sie ihre Brennpunktstellung aufrechterhält; um diesen Zug als Block nutzen zu können, zieht – unter Schachprovokation (1. ... Dh8+ nebst Matt durch Kreuzschach) – der wL nach e7.

27 1. Df3! droht 2. Tg....8‡
Dc8+ 2. Tg4‡
Dg1 2. Th2‡
Dc2,d2,f1 2. Df1‡
Dd1 2. Dd1:‡
(1. ... Db2, Dc6 2. Dd,f1‡)
Je ein Kreuzschach und Blockmatt. 1. Dg4? (droht/D~2, Dg1 2. Th2‡/Tg1‡) scheitert nur an der Fesselung des wT durch die sD (1. ... Df1!).

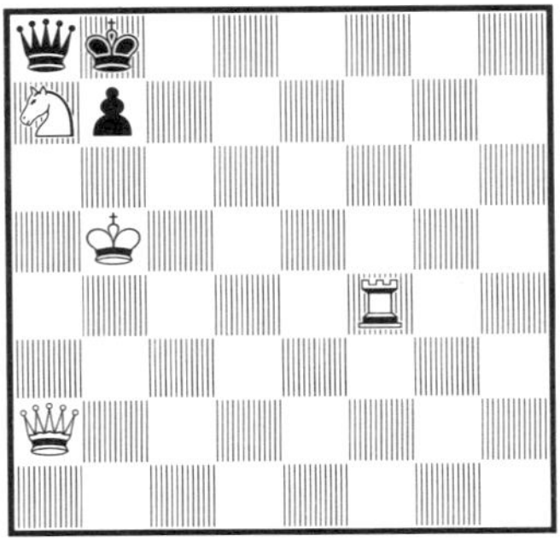

28 H.V. Tuxen

Leninska Molodj, 1967

4. Preis (Miniaturenturnier)

Matt in 2 Zügen

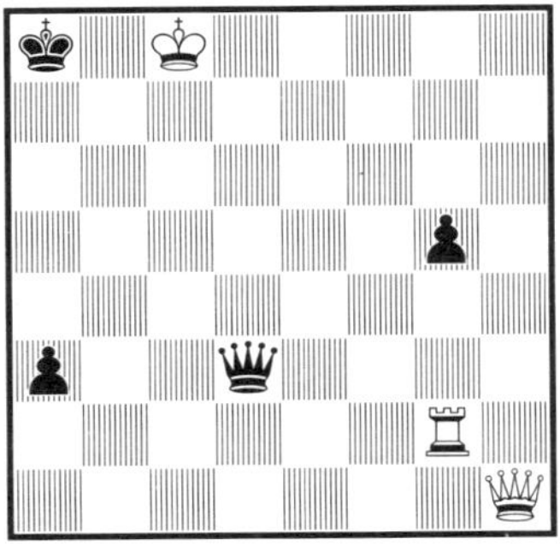

29 H. Hultberg

Springaren, 1961

Matt in 2 Zügen

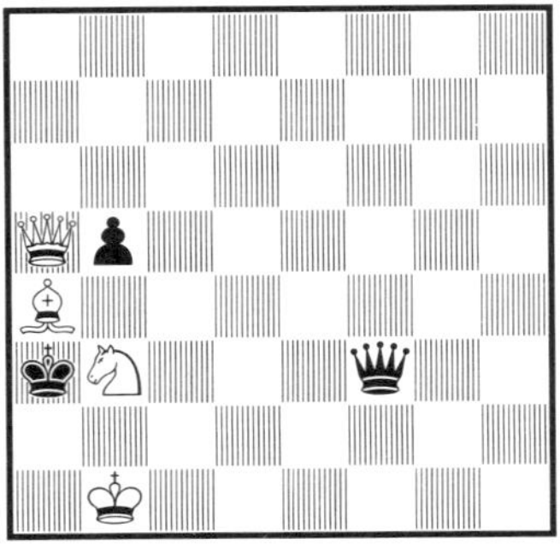

30 F. Bethge

Neue Zeitung, 1951

Matt in 2 Zügen

28 1. Dh2! Ka7: 2. Ta4‡
Kc7 2. Td4‡
Da7: 2. Tf8‡
b6 2. Tf7‡

(es droht 2. Ta4‡, doch kommt es nicht zu dieser Mattstellung).
Nach hinterstellendem dem sK ein weiteres Fluchtfeld einräumendem Schlüsselzug vier verschiedene Abzüge des wT, u.a. nach Block und Linienöffnung. Ein sTa8 würde die Nebenlösung 1. Kb6 zulassen.

29 1. Ta2+! Df3, De4, Dd5 2. Ta3:‡
Ka7 2. Db7‡

In den Verführungen 1. Tg3+?/Tg4+?/Tg5:+? Df3!/ De4!/ Dd5! verstellt jedesmal die sD dem wT den Weg zur a-Linie, dieser muß deshalb von einer anderen Seite kommen.

30 1. Sd4! droht 2. Sc2, Sb5:, L~‡
Db3+ 2. Lb3:‡
Dd3,e4,f5+ 2. Lc2‡
Dd1,f1,h1+ 2. Ld1‡
ba 2. Dc5‡

Sieben Schachgebote der sD werden durch drei Abzugsschachs (z.T. Kreuzschachs) des wL erledigt, dazu auf 1. ... ba ein Block-Modellmatt. Der wK ist hier recht frei postiert. Dem analogen Versuch 1. Sa1? De4+! 2. Lc2+ Da4 gegenüber hat der Schlüsselzug nur voraus, daß der sD vorsorglich die 4. Reihe gesperrt wird.

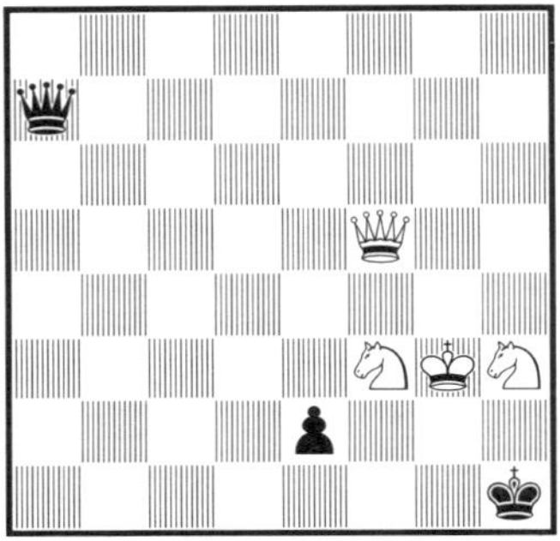

31 **W. Speckmann**

Ellenika Skakkistika Chronika, 1972

Matt in 2 Zügen

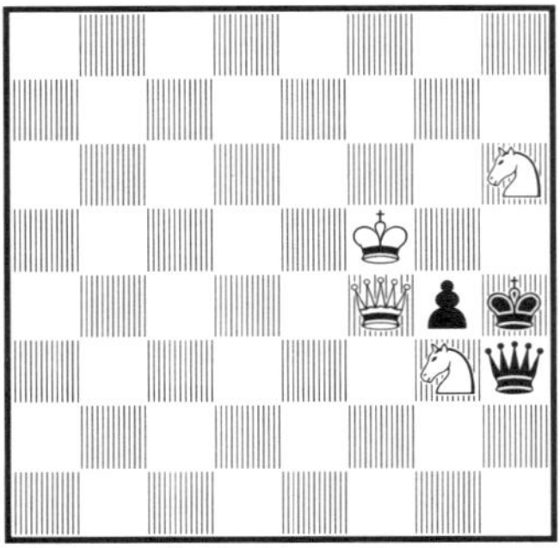

32 **K. Fabel**

Mitteilungsblatt Kieler Schachgesellschaft, 1972

Matt in 2 Zügen

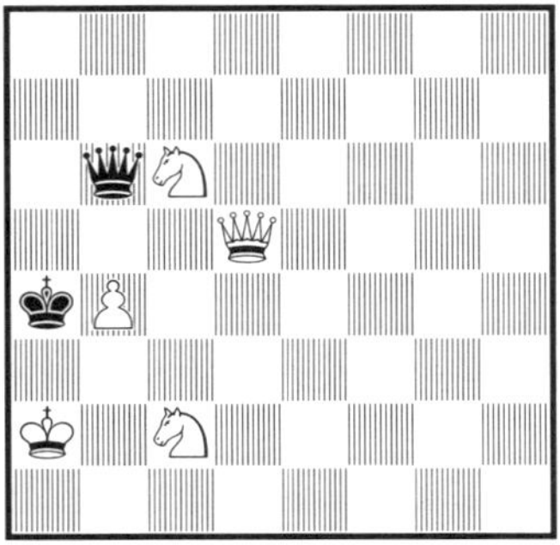

33 **R. Lincoln**

US-Problem-Bulletin, 1987

Matt in 2 Zügen

31 1. Dh5! droht 2. Sh~‡
Db8,c7+ 2. Sf4‡
Dg7+ 2. Shg5‡
Dg1+ 2. Shg1:‡
e1D+ 2. Sf2‡

1. De4? (droht 2. Sf~‡ – was nur an 1. ... De3! mit Fesselung des Sf3 scheitert) ergibt auf obige Paraden die Mattzüge 2. Se5‡/Sfg5‡/Sfg1:‡/Se1:‡; also vier Mattwechsel zwischen Verführung und Lösung auf Damenschachs (z.T. als Kreuzschachs), begründet durch den Funktionswechsel der beiden weißen Springer. 1. Dh7? Dc,g7+!. – Zugleich ist dies eine Darstellung des „Fleckthemas“ in dessen Batterieform, und zwar in Verführung und Lösung.

32 1. Sg4:! Zugzwang
D~ 2. Sf2‡
Dg3: 2. Dh6‡

Selbstfesselung des dabei eine D-S-Batterie bildenden wS mit seiner anschließenden Entfesselung durch die fesselnde sD sowie Blockmatt auf deren die Deckung von g4 aufrechterhaltende Verteidigung; dabei kommt es gegenüber dem Satz (wo nur auf 1. ... Dg3: und 1. ... Df1 keine Matts bereitliegen) zu einem Mattwechsel auf die beliebigen Züge der sD.

33 1. Dc4! droht/Da5/Dc5 2. b5‡/ba‡ /bc‡
Db5 2. Db3‡
Db4: / Dc6: / Dd4 2. Db4:‡ / Dc6:‡ / Da6‡

Sieben verschiedene Mattzüge, dabei drei Abzugsmatts durch den Bauern (der Schlüsselzug stellt insoweit eine D-B-Batterie her) und ein Blockmatt.

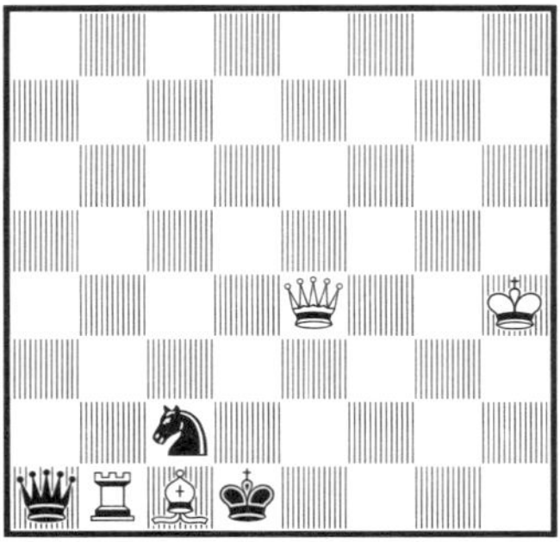

34 **I. Gegelski**
Schachmaty w SSSR, 1958

Matt in 2 Zügen

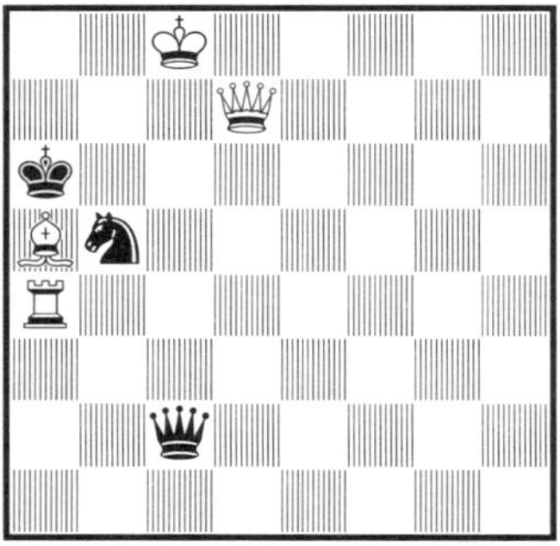

35 **W. Speckmann**
F.I.D.E.-Revue, 1963

Matt in 2 Zügen

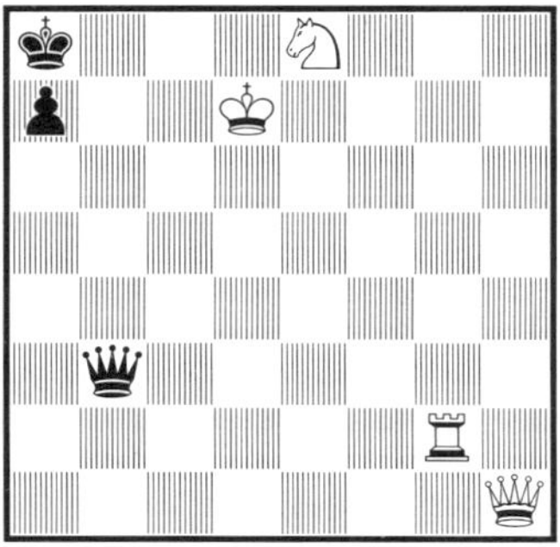

36 **B. Lindgren**
Skakbladet, 1960
Preis (Miniaturenturnier)

Matt in 2 Zügen

34 1. Dg2! droht 2. Dd2#
Ke1 2. Ld2#
Dh8+/Df6+/Dd,a4+ 2. Lh6# / Lg5# / Lf4#
(Dc3, Da5 2. L~#)

Vier Abzugsmatts des wL, davon ein Doppelschach und drei Kreuzschachs.

35 1. Dc6+! Dc6:+ 2. Lc7#
Ka7 2. Lb6#

Zwei Abzugsschachs des wL; in der ersten Variante zwei weiße Kreuzschachs – das erste ohne Batterie – hintereinander, was sich im Zweizüger nur darstellen läßt, wenn wie hier der wK von vornherein im Schach steht. Trotz des im Schach stehenden wK liegt der Schlüsselzug keineswegs auf der Hand: 1. Kb8? scheitert nur an 1. ... Da4:! oder 1. ... Sc7!. Daher muß Weiß mit einem Gegenschach beginnen, wofür sich zunächst der Läufer anbietet; aber nach 1. Lc7+? Da4: ist die wD verstellt, was zwar mit 1. Lc3+? (Da4:? 2. Db7#) vermieden wird, doch pariert nun 1. ... Kb6!.

36 1. Tb2+! Db7+ 2. Db7:#
Dd5+ 2. Dd5:#
Kb8 2. Tb3:#

(auf 1. ... Df3 Dual)

1. Tg8+? Db7+/Dd5+ (Df3) 2. Sc7# / Sd6# (Überführung der D/T- zu einer T/S-Batterie) scheitert an 1. ... Kb8!: Mattwechsel auf die beiden Schachgebote der sD mit Übergang von Matts durch Kreuzschachs in der Verführung zu Schlagmatts in der Lösung (umgekehrt sähe man es allerdings lieber).

Das Turnier verlangte zweizügige Miniaturen mit schachbietendem Schlüsselzug.

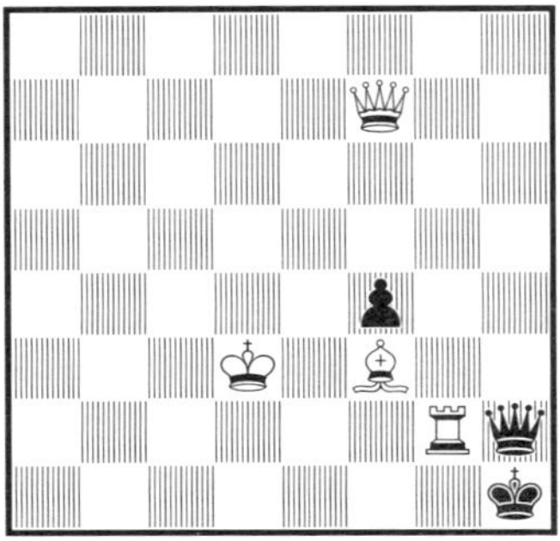

37 **W. Speckmann**

Heidelberger Tageblatt, 1971

Matt in 2 Zügen

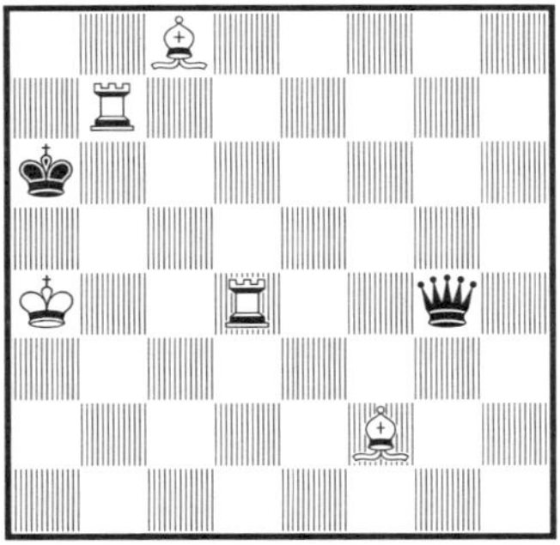

38 **N. Ossipow**

Mat (Mukatschewo), 1969

Matt in 2 Zügen

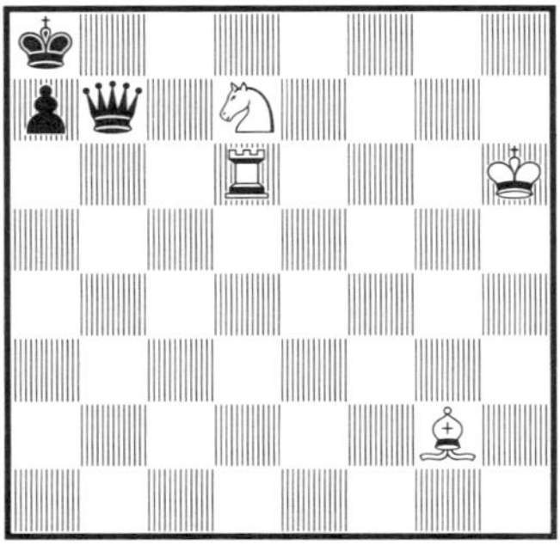

39 **A.W.Daniel**

British Chess Magazine, 1906

Matt in 2 Zügen

37 1. Da2! Zugzwang
Dh7+ 2. Tg6‡
Dg1 2. Th2‡
(ferner 1. ... Dg2:+/D~ 2. Dg2:‡/D1‡ bzw. Tg‡)
Satz 1. ... Dh7+ 2. Dh7:‡ – also Mattwechsel zwischen Verführung und Lösung auf das Schachgebot; an die Stelle des Schlagmatts tritt ein Kreuzschach; auf 1. ... Dg1 erfolgt ein Blockmatt.

38 1. Tf4! droht 2. Ta7‡
Df4:+ 2. Tb4‡
Dd7+ 2. Td7:‡
Dd1+ 2. Tb3‡
Auf alle Züge des gefesselten Td4 droht 2. Ta7‡; es scheitern 1. Tdb4? an 1. ... Dd1+! (Selbstverstellung des Tb7), 1. Tc4? an 1. ... Dc4:+ oder Dd4!, 1. Te4? an 1. ... De4:+! 2. Tb4+ Db7 – der Schlüsselzug bewirkt daher zugleich eine Verbahnung der sD durch den wT. Es ergeben sich zwei Kreuzschachs.

39 1. Tc6! droht, Db8 2. Tc8‡
Da6,b6,c7 2. T:D‡
(ferner 1. ... Dc6:+/a7~ 2. Lc6:‡/Ta6‡)
Im Schlüsselzug – der eine noch „maskierte" weiße Batterie herstellt – wird durch den wT die sD zum Schutz des wL verstellt. Die dabei zugleich entfesselte sD pariert die Drohung durch Fesselung bzw. Verstellung des Drohsteins, was hier zu einfachen Schlagmatts führt; insgesamt vier Abzugsmatts durch den wT.

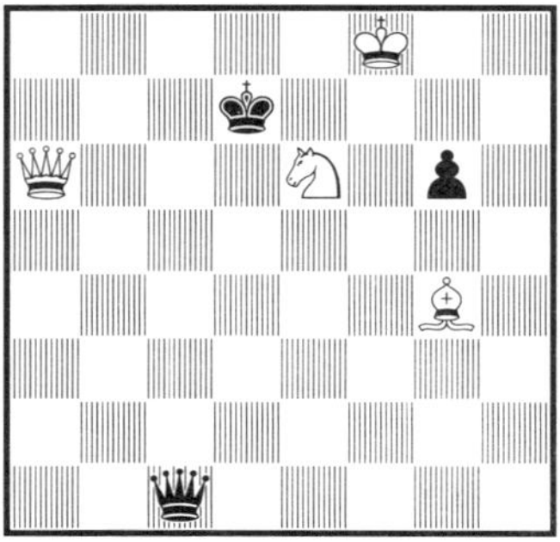

40 W. Speckmann

Leninska Molodj, 1967

5. spezielle Erwähnung (Miniaturenturnier)

Matt in 2 Zügen

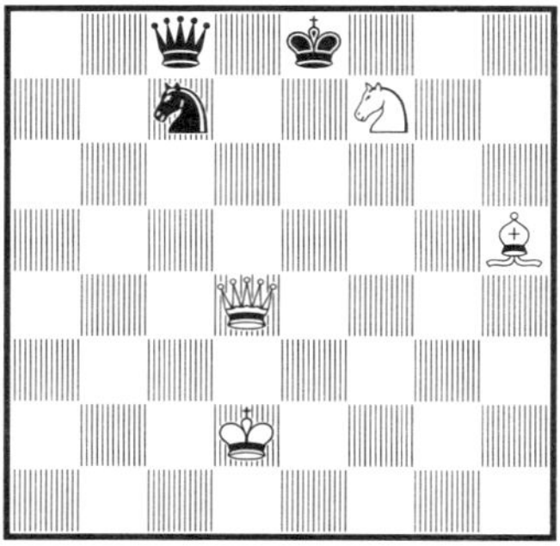

41 L. Talabér

Feladványkedvelök Lapja, 1972

Matt in 2 Zügen

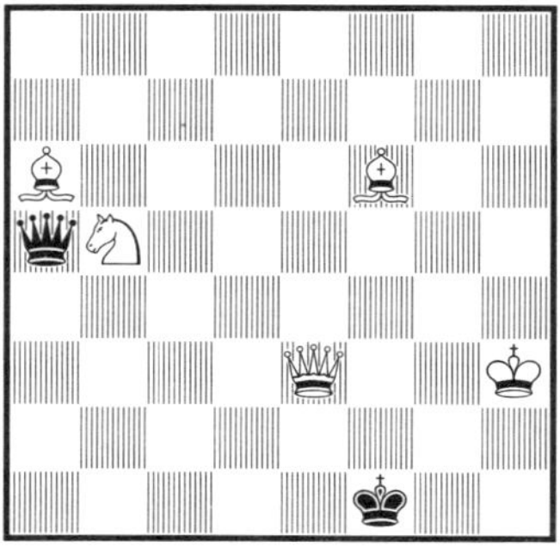

42 W. Speckmann

Deutsche Schachzeitung, 1972

Version

Matt in 2 Zügen

40 1. Db6! droht 2. S~‡
Da3 (c5)+ 2. Sc5‡
Dc8+ 2. Sd8‡
Df1 (f4)+ 2. Sf4‡
Dh6+ 2. Sg7‡
(ferner 1. ... Dc6/ Dc7 2. Dd8‡/Dc7:‡)
Im Lösungsspiel vier Kreuzschachs auf Schachgebote der sD aus vier Richtungen, wohl ein Rekord im Miniaturzweizüger.

41 1. Df6! droht 2. Se5‡
Dd7+ 2. Sd6‡
Kf8 2. Sh6‡
(ferner 1. ... Kd7/Dd8+, Df5, De6 2. Se5‡/Dd8‡)
Schachprovokation und drei Abzugsschachs des wS, dabei ein Kreuzschach nach Block durch die sD sowie zweimal gleichzeitige Öffnung von zwei weißen Linien durch den Mattzug (mit wechselseitig direkter und indirekter L/S- und D/S- Batterie).

42 1. Lc3! droht 2. De1‡
Da1 2. Sa3‡
(ferner 1. ... Dc3: 2. Sc3:‡)
1. Sa3+? Da6:!, es liegt also eine logische Vorbereitungskombination vor mit Sa3+ als Hauptplan und „kritischer“ Lenkung der sD über den Schnittpunkt a3 als Vorplan; dabei bewirkt der Schlüsselzug im Verhältnis zu der Verführung 1. Lh4? Dd2! zusätzlich ein Verstellung der sD durch den wL.

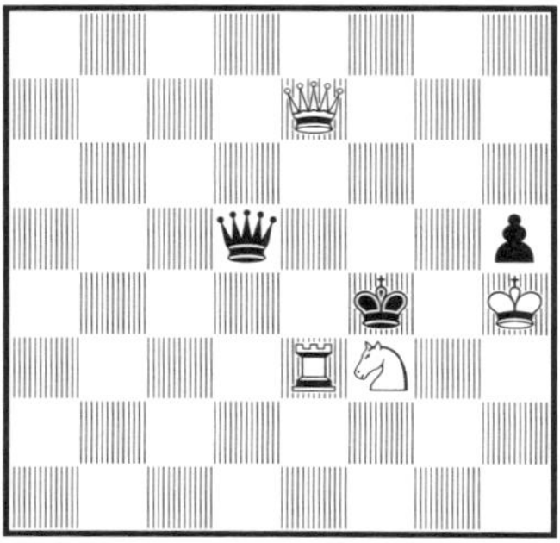

43 **A. Zickermann**
nach G. Latzel
Kieler Neueste Nachrichten, 1935

Matt in 2 Zügen

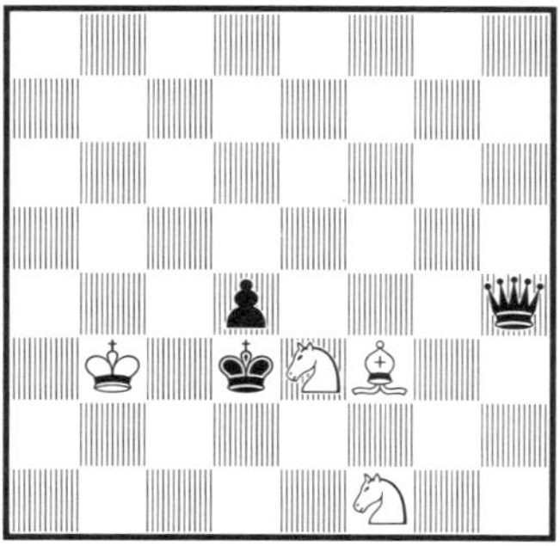

44 **M. Locker**
The Problemist, 1968

Matt in 2 Zügen

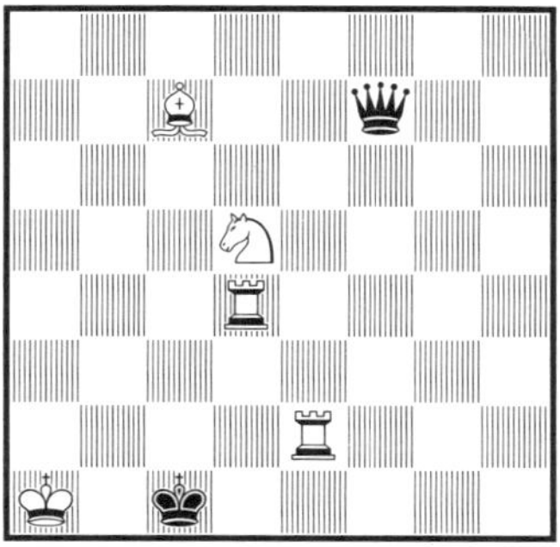

45 **W. Speckmann**
Deutsche Schachzeitung, 1972

Matt in 2 Zügen

43 1. Sh2! Zugzwang

Im Satz fehlen Matts nur auf 1. ... Df5 und 1. ... Dd8. Nach dem Schlüsselzug (öffnet der sD die Diagonale nach h1 und sperrt ihr dafür, gegen 1. ... Dh1+, die h-Linie) kann die sD nicht gleichzeitig die Mattfelder g5, f3, e5 und e4 gedeckt halten, Schwarz vermag die Matts nur zu differenzieren: 1. ... Kf5, De6, Dg5+ / Df5, Dd8 / De5, Dg2 / De4 2. Dg5‡ / Tf3‡ / De5‡ / De4:‡.

44 1. Sd5! droht 2. Sb4‡

De1, De7 2. Sf4‡

1. Sg2? De4,g3!, 1. Sd1? Dh2!, 1. Sc2? De7!, 1. Sc4? Dh2!; viermal kann die sD beide Springermatts durch Einnahme der entsprechenden Brennpunktstellung verhindern, nur nach dem Schlüsselzug ist ihr das nicht möglich. – Als „Brennpunktstellung" bezeichnet man es, wenn eine langschrittige Figur Felder nach zwei verschiedenen Richtungen zu decken hat.

45 1. Sc3! droht 2. Td1‡

Df1 2. Sa2‡

Db3(Dd5) 2. Lf4‡

Um zugleich gegen 1. ... Da2+ gerüstet zu sein, muß der wS als Schlüsselstein nach b4 oder c3 ziehen. 1. Sb4? (droht 2. Tc2‡ und Te1‡) scheitert nach 1. ... Db3! 2. Lf4+ an 2. ... De3. Daher muß der sD im Schlüsselzug vorsorglich die Linie b3–e3 verstellt werden.

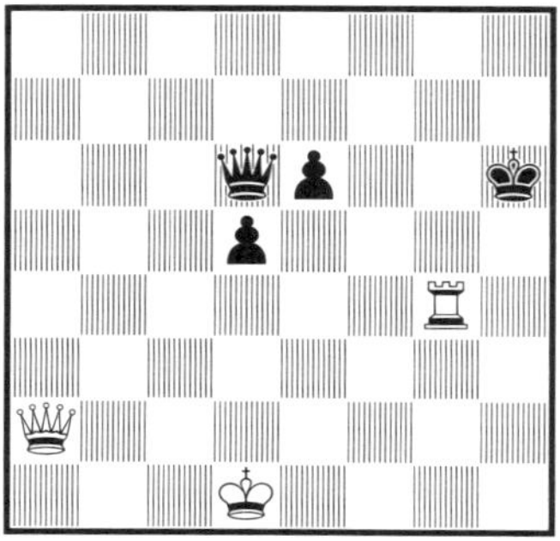

46 **A.N. und W.A. Lebedew**

Die Schwalbe, 1933

Matt in 2 Zügen

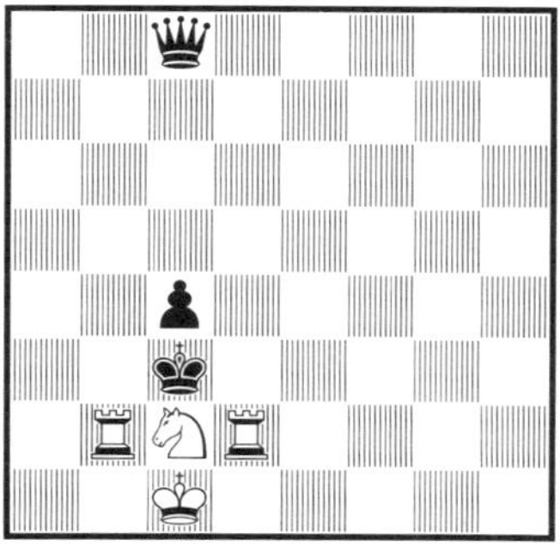

47 **Z. Drobot**

Thèmes 64, 1986

Matt in 2 Zügen

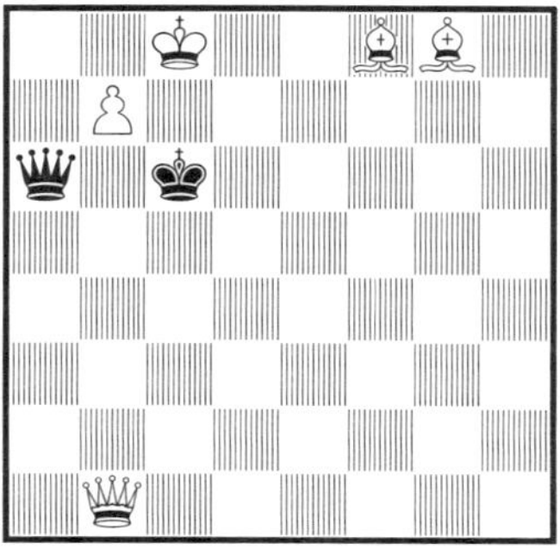

48 **A.N. Lebedew**

L'Italia Scacchistica, 1934

Matt in 2 Zügen

46 1. Dc2! droht 2. Dg6‡
e5 2. Dh2‡

Der sB öffnet zur Verteidigung eine Wirkungslinie der sD und verstellt eine andere (schwarzer Sperrwechsel); wegen dieser Parade genügt nicht 1. Db1?.

47 1. Se3! ~ 2. Sd5‡ bzw. 2. Sd1‡

Eine symmetrische Stellung mit unsymmetrischer Lösung, sog. „Asymmetrie". Daß der analoge Springerzug zur linken Seite der Symmetrieachse (der c-Linie) nicht auch zum Ziele führt, beruht darauf, daß auf der rechten Seite mehr Raum zur Verfügung steht: nach 1. Sa3? (droht 2. Sb5‡ und Sb1‡) kann Schwarz mit 1. ... Df5! beide Drohfelder decken, gegen 1. Se3 hingegen fehlt der sD links das entsprechende Verteidigungsfeld. Würde man die Stellung eine Reihe nach rechts verschieben, so ginge sowohl 1. Sf3 wie 1. Sb3. – Symmetrische Verführungen sind 1. Sb4? Da8! und 1. Sd4? De8!.

48 1. Db3! droht 2. Ld5‡
Da8+ 2. baD(L)‡
Da5 u.a. 2. b8S‡
Db5 2. De6‡

Umwandlung eines wB in D(L) und S sowie Blockmatt. 1. Db4? (droht / Db5 / Da5... 2. Dc5‡/Dd6‡/b8S‡) Da7, Db6!; auf 1. ... Db5 ergibt sich so mit dem Satzmatt (2. Dg6), dem Matt der Verführung (2. Dd6) und dem der Lösung (2. De6) ein dreiphasiger Mattwechsel.

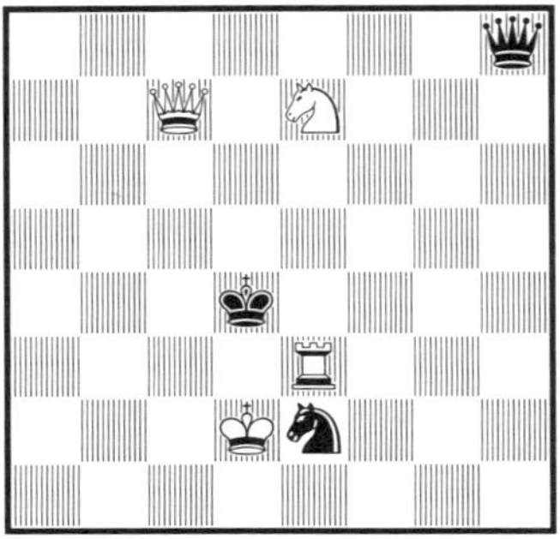

49 **K. Hasenzahl**

Hamburger Problemnachrichten, 1948

Matt in 2 Zügen

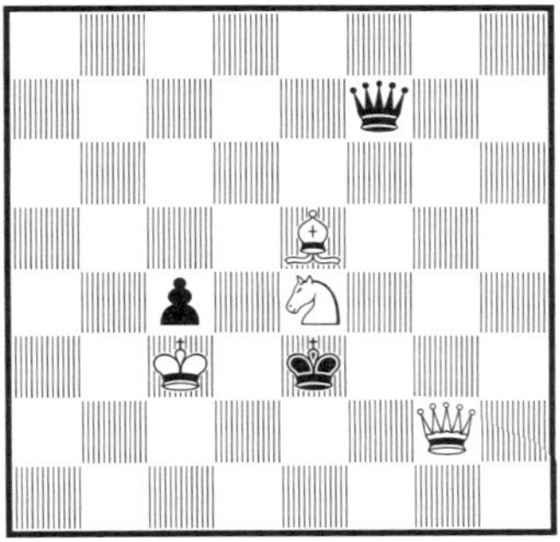

50 **W. Hebelt**

Bulletin problemistic, 1987

1. Preis (Miniaturenturnier)

Matt in 2 Zügen

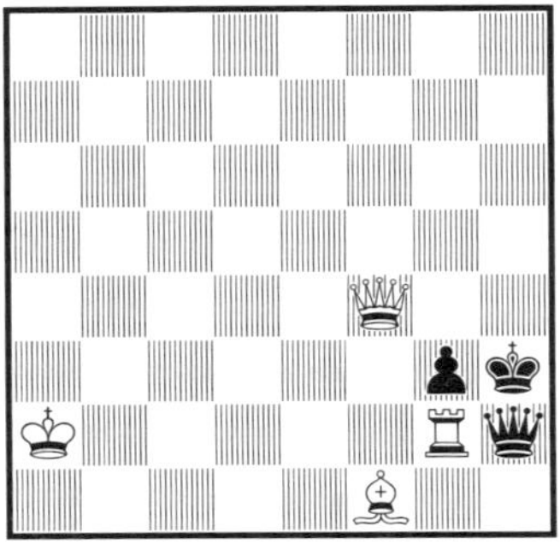

51 **H. v. Gottschall**

Streifzüge durch das Gebiet des Schachproblems, 1926

Matt in 2 Zügen

49 1. Dc6! Dh7 2. Dd5‡
Dh5 2. Te4‡
Dh1, a8 2. Sf5‡
De5 2. Td3‡

Die ersten drei Matts drohen, sie können von Schwarz differenziert werden (=Fleckthema); 1. ... De5 als Totalparade ergibt ein Blockmatt.

50 1. Sg3! droht 2. De2‡
Df2/Df3 2. De4‡ / Dd2‡
Df1, Dh5 2. Sf1‡

Zwei Matts nach Block durch die sD für den sK. Recht verführungsreich; nach 1. Sd2? (Zugzwang, 1. ... Df2/ Df3 2. De4‡ / Df3:‡) muß die sD die Brennpunkte c4/f1 gedeckt halten, was mit 1. ... Df4! schadlos geschehen kann (auf 1. Sd6? – Brennpunkte c4/f5 – reicht auch 1. ... De6!); 1. Sg5? (droht 2. Dd2‡) Dd5!.

Das Turnier verlangte zweizügige Miniaturen mit schwarzer und weißer Dame.

51 1. Le2! Zugzwang
Kg2: 2. Df1‡
D~ 2. Dg3:‡
Dg2: 2. Dh6‡

Gegen das satzmattlose Schach durch 1. ... Dg2: muß Vorsorge getroffen werden. Abzugsschachs des wT leisten nichts. Der den Turm zum Opfer anbietende Schlüsselzug gibt dem sK damit zugleich ein Fluchtfeld, auf 1. ... Dg2: erfolgt ein Blockmodellmatt.

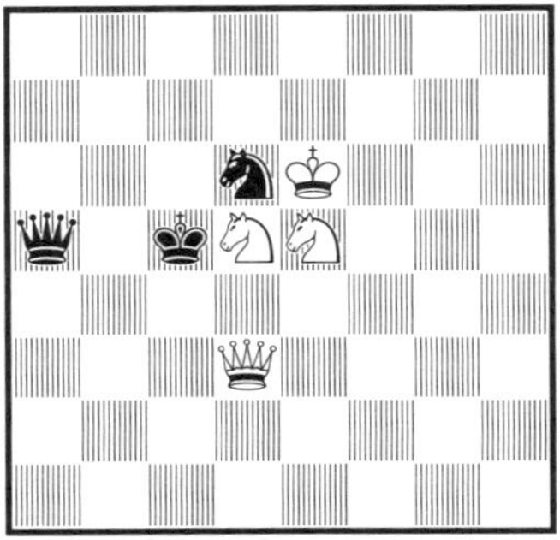

52 **H.V.Tuxen**

Skakbladet, 1963

Matt in 2 Zügen

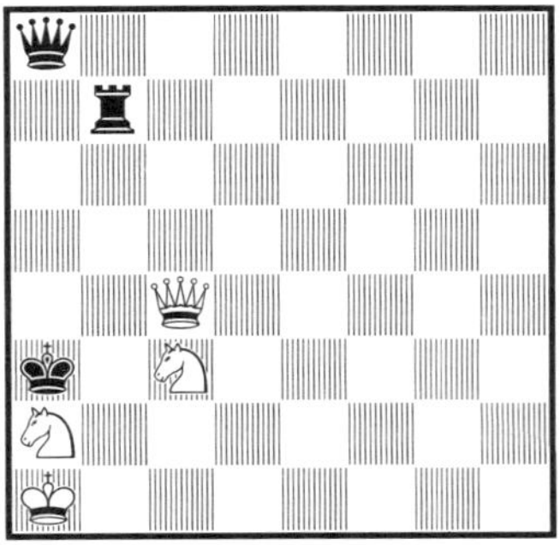

53 **G. Maleika**

Die Schwalbe, 1971

Matt in 2 Zügen

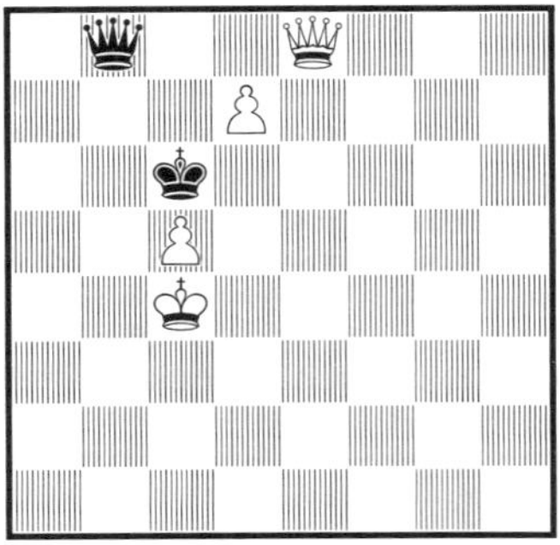

54 **W. Speckmann**

Deutsche Schachzeitung, 1977

Matt in 2 Zügen

52 1. Db3! Zugzwang

	Kd4	2. De3‡
	D~	2. Db4‡ ,Db6‡
	Db5	2. De3‡
	S~	2. Dc4‡

Nach dem sK ein Fluchtfeld einräumendem Schlüsselzug befindet sich die sD in einer Brennpunktstellung; der die Deckung beider Brennpunkte aufrechterhaltende Zug 1. ... Db5 ermöglicht ein Blockmatt.

53 1. Sb4! droht 2. Sc2‡

	Da4	2. Sb1‡
	Tb4:	2. Da2‡

Im Satz geschieht 1. ... Da4/Tb4 2. Da4:‡/Db4:‡; anstelle dieser Schlagmatts des Satzes kommt es in der Lösung zu Blockmatts (zwei Mattwechsel).

54 1. Dc8+! Dc8: 2. dcD‡

	Dc7	2. d8S‡

Die Batterienutzung durch 1. d8D+? und 1. d8S+? scheitern daran, daß nach 1. ... Kb7 bzw. 1. ... Kc7 für den sK beidemal ein Fluchtfeld zuviel vorhanden ist. Unter Batterieverzicht kommt Weiß dann doch noch in den Mattzügen zu den beiden Umwandlungen seines Bauern.

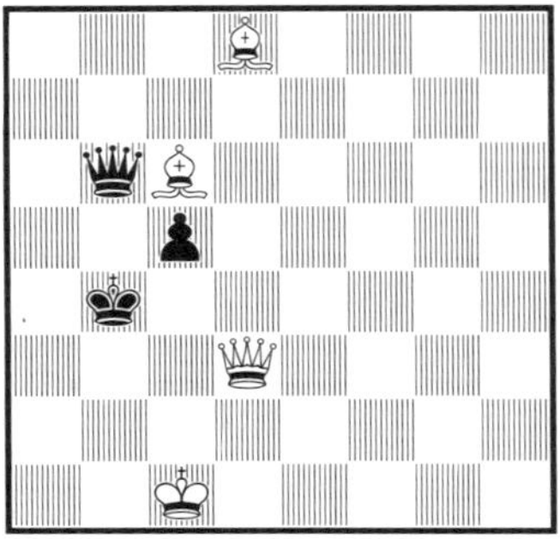

55 **W. Wischnewski**

„64“, 1969

Matt in 2 Zügen

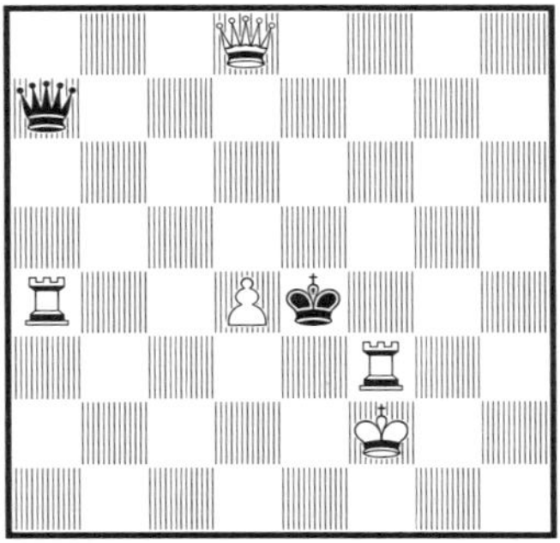

56 **D. Godes**

Wetscherni Charkow, 1981

Matt in 2 Zügen

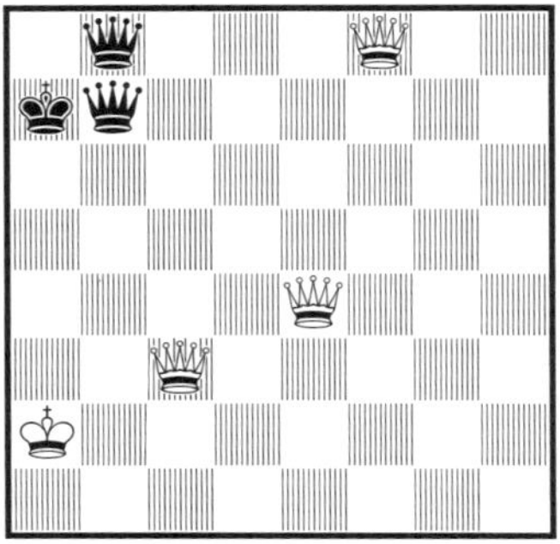

57 **W. Speckmann**

Skakbladet, 1971

Matt in 2 Zügen

55 1. Kb2! droht 2. Dc3‡
Ka5+ 2. Db5‡
(ferner 1. ... Dc6:/c4 2. Db3‡/Da3‡)
Schachprovokation: das schwarze Abzugsschach bewirkt eine Selbstfesselung der sD und ermöglicht so ein Matt durch batterieloses Kreuzschach.

56 1. Dg5! Dd4:+ 2. Te3‡
(es drohte 2. De5‡, Df5‡ und Te3‡)
Mattwechsel auf das Schachgebot; anstelle des Schlagmatts im Satz (1. ... Dd4:+ 2. Dd4:‡) erfolgt in der Lösung ein Fesselungsmatt (wobei der Mattzug allerdings bereits drohte, s. Nr. 78).

57 1. Dce3+! Ka8 2. Dea3‡
Ka6 2. Da4‡
Db6 2. Dfa3‡
Nach Selbstfesselung seiner beiden Damen durch Schwarz mittels 1. ... Ka8 kommt es zu einem Fesselungs-Modellmatt unter Beteiligung aller fünf Damen. Der Schlüssel ist ein Auswahlzug: 1. Dcc5+? Db6! (2. Dfa3?) bzw. 1. Dcd4+? Ka6! (2. Dea4?) bewirken Selbstverstellungen jeweils einer der beiden anderen weißen Damen.

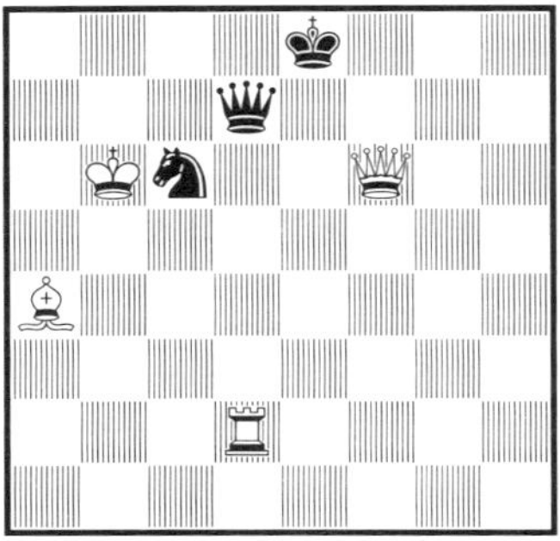

58 Z. Zilahi

Skakbladet, 1960

2. ehrende Erwähnung (Miniaturenturnier)

Version

Matt in 2 Zügen

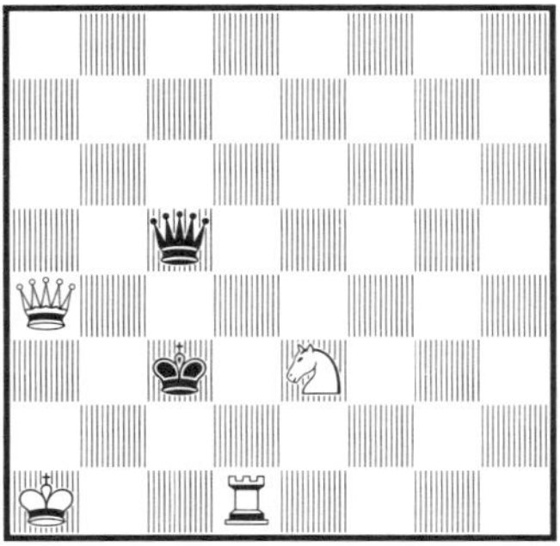

59 G. Mott – Smith

The Chess Review, 1939

Matt in 2 Zügen

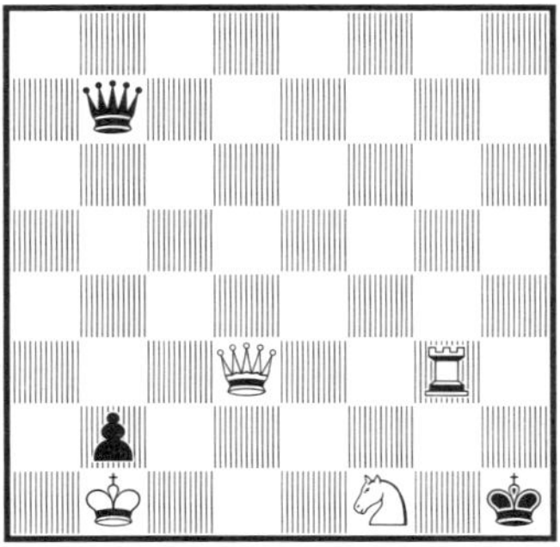

60 A. Renn

Schach-Echo, 1967

Matt in 2 Zügen

58 1. Te2+! De6 2. Lc6:‡
De7 2. De7:‡
Se5 2. Te5:‡
Se7 2. De7:‡

Schwarze Halbfesselung mit je zweimaliger Vollfesselung einer der beiden zunächst halbgefesselten Figuren nach den Zügen der anderen in den Matts. – Vom Autor wurde die Aufgabe mit dem wT auf a1 und dem Zwilling b) Ta1 → a5 (1. Ta8+) veröffentlicht, der im wesentlichen nur ein symmetrisches Echo zu a) bildet.

Das Turnier verlangte zweizügige Miniaturen mit schachbietendem Schlüsselzug.

59 1. Ka2! droht, De3: 2. Db3 ‡

Nach dem Schlüsselzug mit zusätzlichen Schachprovokationen ist die sD überfordert: in den Varianten 1. ... Db5/Da5/Da7/Da3+/Dc4+/Dd5+ 2. Dd4‡/Da5:‡/Sd5‡/Da3:‡/Dc4:‡/Sd5:‡ – wobei sie mit 1. ... Da5 und 1. ... Da7 die wD fesselt – gibt sie jeweils eine Felddeckung auf, und nach 1. ... Db4 erfolgt mit 2. Dc2‡ ein Blockmatt. – Den einzigen Mattdual (auf 1. ... Db6) könnte man beseitigen, indem man die ganze Stellung drei Reihen nach oben verschiebt.

60 1. Dc2! droht 2. Dh2‡
De4 2. De4:‡
Dh7 2. Dh7:‡

Zweimal fesselt die sD zur Abwehr der Drohung ihre weiße Kollegin, welche sie darauf jedoch mit Matt schlagen kann.

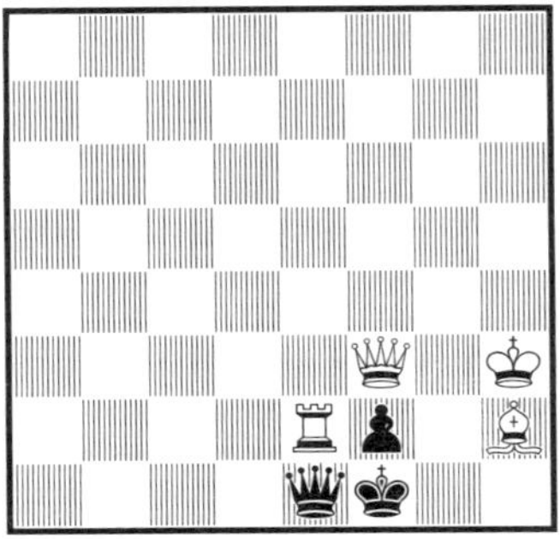

61 **J.J. Burbach**

Deutsche Schachzeitung, 1988

Matt in 2 Zügen

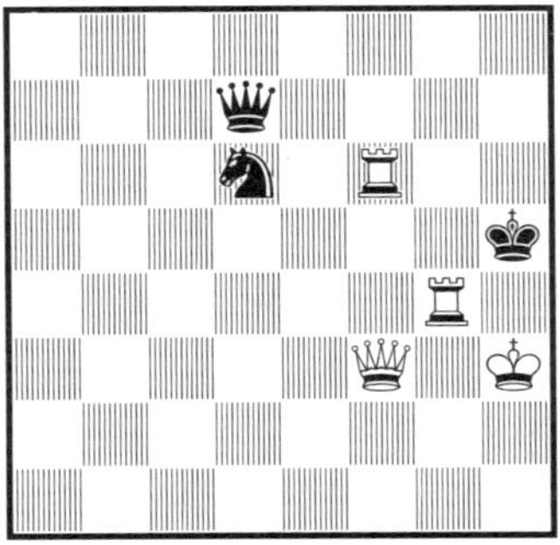

62 **W. Speckmann**

nach A.N. Lebedew

Deutsche Schachzeitung, 1981

Matt in 2 Zügen

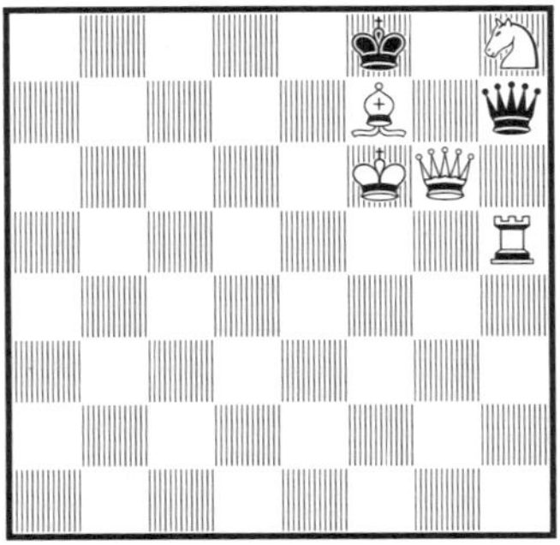

63 **A. Dombrowskis** und **L. Loschinski**

Mini-Matt, 1971

Matt in 2 Zügen

61 1. Lg3! Zugzwang

D~	2. Df2:‡
De2:	2. Dh1‡
Kg1	2. Dg2‡

In der Anfangsstellung (dem Satz) – und nach 1. Kg3? als Wartezug – fehlt ein Matt nur auf 1. ... Dc3, womit die sD die wD fesselt und damit deren Matt auf f2 verhindert. Mit dem Schlüsselzug bewirkt daher der Läufer – unter Preisgabe eines Fluchtfeldes für den sK – deren Vorausentfesselung; dazu genügt nicht 1. Te3? wegen 1. ... De3:!. Durch 1. De3? würde Weiß zwar die Fesselung wirkungslos machen (1. ... Dc3? 2. Tf2:‡, ein Mattwechsel gegenüber der Lösung), doch scheitert das an 1. ... De2:!.

62 1. Dg3! droht 2. Dh4‡

Sf5	2. Tg5‡

(ferner 1. ... Dg4:+ 2. Dg4:‡)
Indirekte Entfesselung des wT durch Schwarz; in der an 1. ... Sf7! scheiternden Verführung 1. Df4? (droht 2. Dg5, h6‡) erfolgt mit 1. ... Dg7 (2. Th4‡) dessen direkte Entfesselung.

63 1. Th6! Zugzwang
Auf jeden ihrer sechs Züge wird die sD dualfrei mit Matt geschlagen: 1. ... Df7:+/:Dg8/Dg7+/Dg6:+/Dh8:+/Dh6: 2. Df7:‡/Dg8:‡/Dg7:‡/Sg6:‡/Th8:‡/Dh6:‡.
Ein Zugwechselproblem mit einem sämtliche Satzmatts aufrechterhaltenden Wartezug als Schlüssel (der dabei den Gegenzug 1. ... Dh5:, welcher als einziger im Satz einen Mattdual ergab, beseitigt). – 1. Th3...? Dh4+ (Bahnung des wT für die sD); 1. Tg5? Dh8:+!.

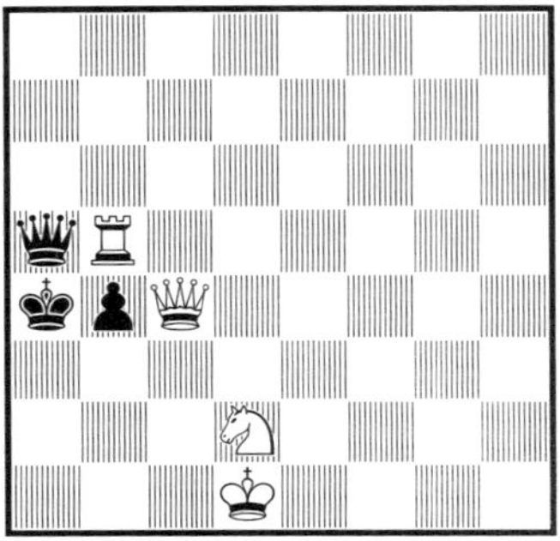

64 W.A. Woinow

Magadanski Komsomolez, 1983

2. ehrende Erwähnung (Miniaturenturnier)

Matt in 2 Zügen

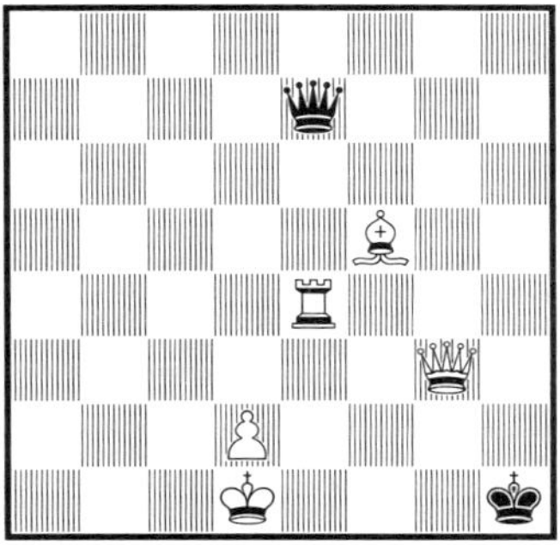

65 W.v. Alvensleben

Deutsche Schachzeitung, 1987

Matt in 2 Zügen

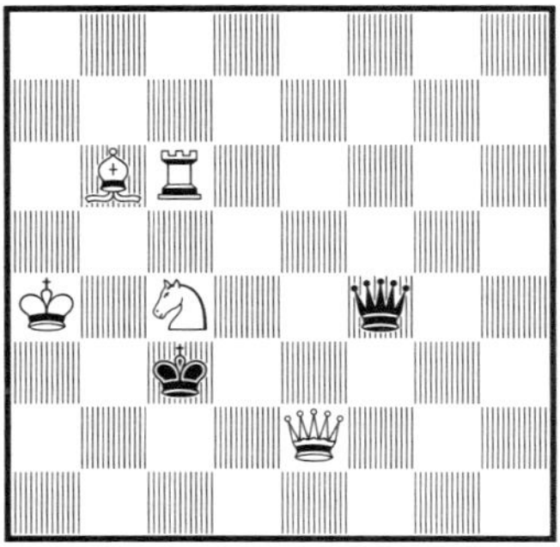

66 W. Massmann

Rostocker Anzeiger, 1936

Matt in 2 Zügen

64 1. Ke1! Zugzwang

Ka3 2. Db3‡
D~ 2. Db4:‡
Db5: 2. Da2‡

Im Satz liegen auf sämtliche schwarze Züge schon die obigen Matts bereit. Es handelt sich also um ein Zugwechselproblem. Der Schlüssel ist ein reiner Wartezug, wobei aber der wK das richtige Feld auswählen muß: bei 1. Kc1,2? Dc7! und 1. Ke2? Db5:! pariert beidemal die sD durch Fesselung der für den Mattzug benötigten wD.

65 1. d4! Zugzwang

Zugwechsel mit dem Satz – die sD befindet sich in Brennpunktstellung – 1. ... D~ /De4: 2. Te1‡ bzw. Th4‡/Le4:‡. Weiß hat keinen „schlichten" Wartezug. Mit dem Schlüsselzug aber kann er die günstige Position aufrechterhalten: der Bauer öffnet der sD zwar den Vektor b4 – e1, als Kompensation versperrt er ihr aber (1. d3? Db4!) den Vektor b4 – h4, so daß 1. ... Db4 weiterhin erfolglos bleibt.

66 1. Ka3! Zugzwang:

1. ... Dg5/Df2, De3/Dc4:+/Dd4 2. Se5‡/Se3‡/Tc4:‡/La5‡ sowie – aufgrund der Schachprovokation durch den Schlüsselzug – 1. ... Df8+, Dd6+/Dc1+ 2. Sd6‡/Sb2‡ (Kreuzschachs); sonstige Züge der sD – die in brennpunktartiger Stellung außer durch 1. ... Dd4 nicht gleichzeitig das Mattfeld d2 und die weiße Batterie unter Kontrolle halten kann – lassen mehrere Matts zu. Alle diese Matts liegen schon in der Anfangsstellung bereit; also ein Zugwechselproblem, wobei 1. Ka3 ein Wartezug ist: im Unterschied zum Satzspiel ist dabei auf 1. ... Df8 und 1. ... Dc1 wegen der Schachgebote nur jeweils ein Mattzug möglich.

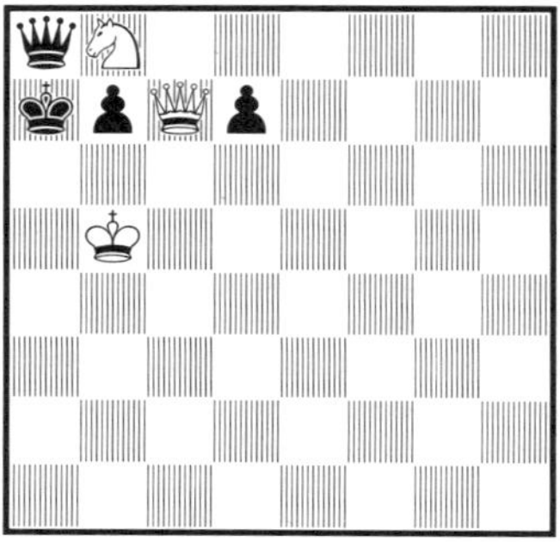

67 F. Lazard

La Strategie, 1925

Matt in 2 Zügen

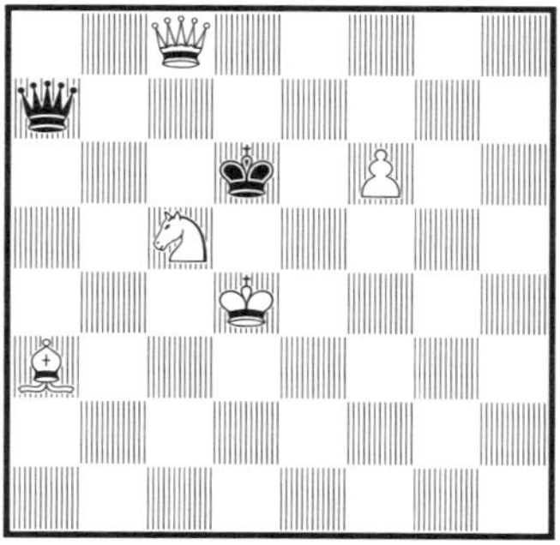

68 F.v.Wardener

Denken und Raten, 1934

Matt in 2 Zügen

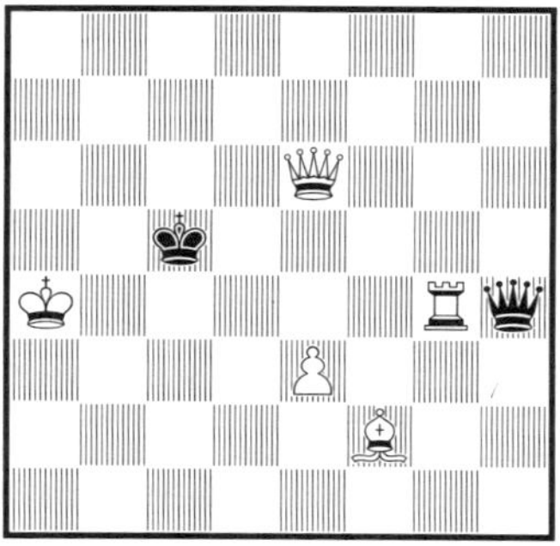

69 J. Haring

Tribuna Robotniza, 1956

2. ehrende Erwähnung

Matt in 2 Zügen

67 1. Dd6! Zugzwang

Db8: 2. Da3‡
b6 2. Db6:‡

Zugwechsel mit dem Satz 1. ... Db8: (blockt)/ d7~ 2. Da5‡/Sc6‡, Weiß hat keinen Wartezug. Die Lösung führt zum Mattwechsel auf 1. ... Db8: sowie – es liegt ein partieller Spielwechsel vor – einem Mehrmatt infolge der Entfesselung des Bb7, während ein Zug des Satzes (1. ... d7~) entfällt. – 1. Sd7:? (droht 2. Da5‡) Dd8!.

68 1. f7! Zugzwang

Zugwechsel; die sD in brennpunktartiger Stellung kann im Satz nicht gleichzeitig mit Erfolg das Mattfeld d7 und die Batterie unter Kontrolle halten. Weiß hat keinen Wartezug (1. Lb4? Da1+!, 1. Ke4? Dh7+!). Der Schlüsselzug fügt den Satzspielen 1. ... D~ 2. Dd7‡ bzw. Se4, Sb7‡ sowie 1. ... Dc7/Da4+/ Dc5:+ 2. De6‡ (Blockmatt) / Sa4:‡/Lc5:‡ infolge Fluchtfeldfreigabe für den sK das Mehrmatt 1. ... Ke7 2. f8D‡ hinzu.

69 1. Tf4! Zugzwang

Zugwechsel; die sD in brennpunktartiger Stellung kann im Satz nicht gleichzeitig das Feld c4 und die Batterie unter Kontrolle halten. Weiß hat keinen Wartezug (1. Ka5? Dd8+!, 1. Lg1? Dg4:+!). Nach dem Schlüsselzug ergibt sich zusätzlich zu den Satzspielen 1. ... Dg4/D~ 2. e4‡/Tc4‡ (evtl. auch, als Dual, 2. e4‡ und 2. Tg5‡) das Mehrmatt 1. ... Df4:+ 2. ef‡. – 1. Td4? (droht/Dd4:/Df6 u.a. 2. Dd6‡/ed‡/Tc4‡) Df4!.

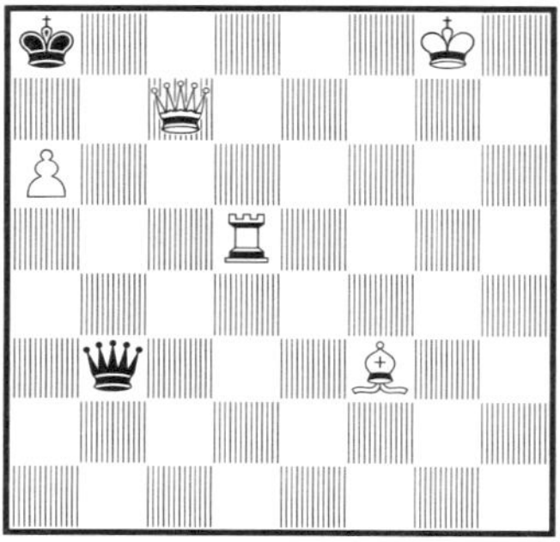

70 F. Palatz

Die Schwalbe, 1934

Matt in 2 Zügen

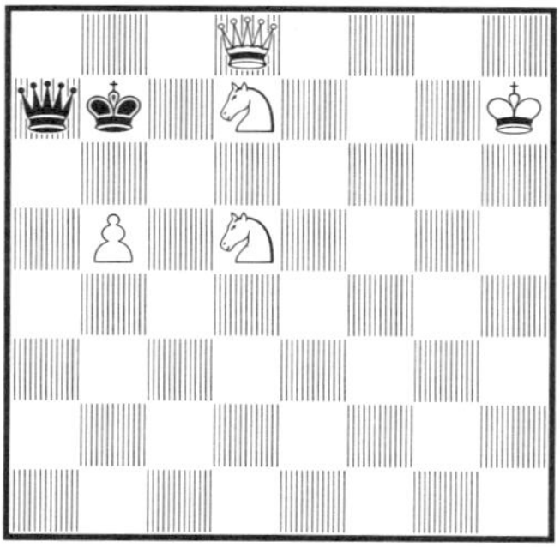

71 F. Lazard

La Stratégie, 1925

Matt in 2 Zügen

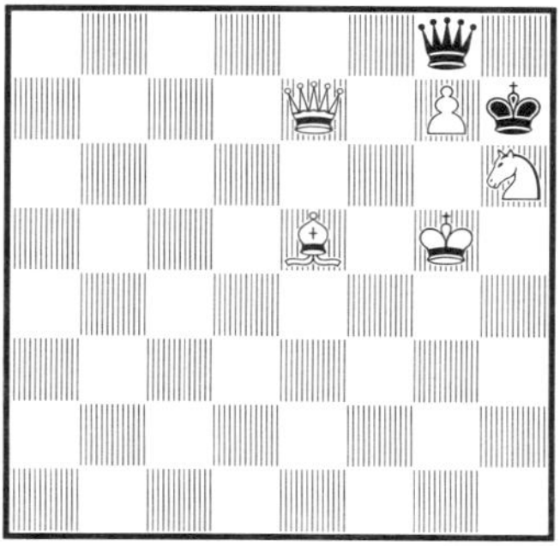

72 F. Lazard

La Stratégie, 1925

Matt in 2 Zügen

70 1. Le4! Zugzwang
Zugwechsel; die sD in brennpunktartiger Stellung kann im Satz nicht gleichzeitig das Feld b7 und die Batterie unter Kontrolle halten. Weiß hat keinen Wartezug: 1. a7? Db7!, 1. Kf7? Df3:+; den wT entfesselnde Königszüge scheitern an Damenschachs.
Der schachprovozierende Schlüsselzug fügt den Satzspielen 1. ... Da2, Dc4/Db..1/Db8+/Db7 2. Db7‡/Td8‡/Td8‡/Db7:‡ die Kreuzschachvariante 1. ... Dg3+ 2. Tg5‡ (=Mehrmatt infolge Linienöffnung) hinzu; bei dem Kreuzschach 1. ... Db8+ 2. Td8‡ fesselt der durch die sD entfesselte wT seinerseits im Mattzug die sD (s. Nr. 18).

71 1. Se7! D~/Da8 2. Db8‡/Db6‡
Zugwechsel; Weiß hat keinen Wartezug (1. Kg8? Da8!, fesselt die wD). Nach dem Schlüsselzug (mit der nicht zur Ausführung gelangenden Drohung 2. Dc8‡) ergibt sich auf 1. ... Da8 ein Mattwechsel (im Satz erfolgte hier 2. Dc7‡).

72 1. Df8! droht 2. Df5‡
Df7, De6 2. Dh8‡
Df8: 2. gfS‡
Dg7:+ 2. Dg7:‡
Zugwechsel mit dem Satz 1. ... D~/Dg7:+ 2. g8D(L)‡/Dg7:‡, Weiß hat keinen Wartezug. Nach dem Schlüsselzug (die weitere Drohung 2. Dg8:‡ ist unausführbar) ergibt sich ein Mattwechsel auf 1. ... Df7, De6 (nicht auch auf 1. ... Df8, da das Lösungsmatt darauf im Satz bereits als Mattdual vorhanden war); in Satz und Lösung Umwandlung des wB in Dame und Springer.

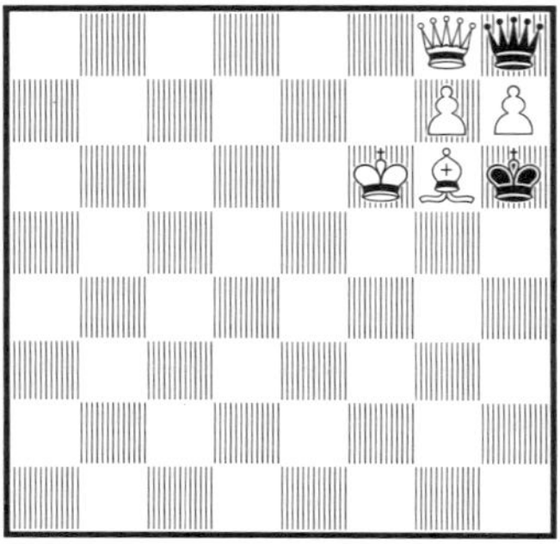

73 T. Schönberger

L'Echiquier Marseillais, 1925/26

1. ehrende Erwähnung (Miniaturen-turnier)

Matt in 2 Zügen

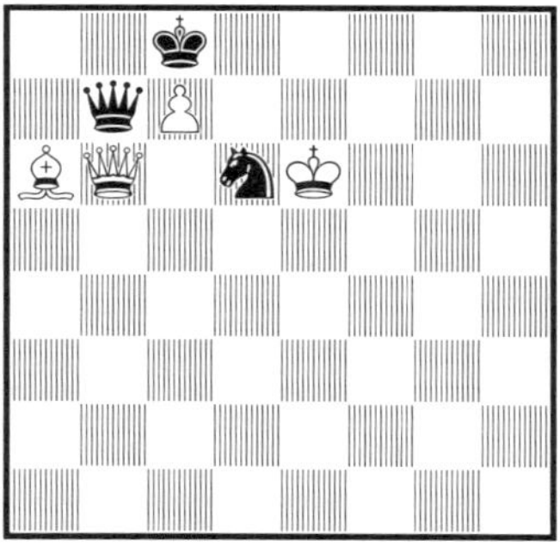

74 A. de Savignac

L'Echiquier Marseillais, 1925/26

Matt in 2 Zügen

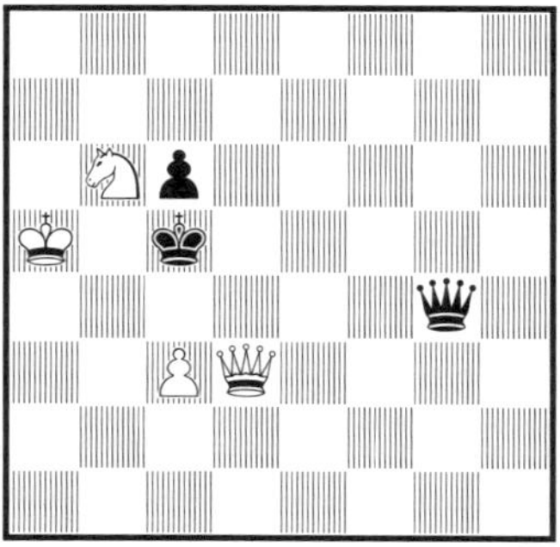

75 F. Lazard

Die Schwalbe, 1933

Matt in 2 Zügen

73 1. Df8! Dh7: 2. g8S‡
Dg8 2. hgS‡
Df8:+ 2. gfD(L)‡
Dg7:+ 2. Dg7:‡

Zugwechsel mit dem Satz 1. ... Dh7:/Dg8:/Dg7:+ 2. Dh7:‡/hgS‡/Dg7:‡, Weiß hat keinen Wartezug. Durch den Schlüsselzug (mit der unausführbaren Drohung 2. gh‡) kommt es zu einem Mattwechsel auf 1. ... Dh7: (Übergang vom Schlag- zu einem Batteriematt) und einem Mehrmatt auf 1. ... Df8:. In der Lösung zwei Springerumwandlungen verschiedener Bauern und eine weitere Umwandlung in D(L).
Das Turnier verlangte zweizügige Zugwechselminiaturen.

74 1. Kd6:! Da6: 2. Da6:‡

Zugwechsel mit dem Satz 1. ... Da6:/S~ 2. Db8‡/D,Lb7:‡, Weiß hat keinen Wartezug. Das Schlagen eines der beiden schwarzen Satzsteine durch den Schlüsselzug (mit der nicht ausführbaren Drohung 2. D,Lb7:‡) bewirkt einen Mattwechsel: auf 1. ... Da6: geht wegen der Fesselung der wD nicht mehr 2. Db8‡, dafür wegen der Deckung von c7 durch den wK nunmehr 2. Da6:‡. – Es ist natürlich an sich sehr häßlich, im Schlüsselzug eine Figur zu schlagen; wie sich hier zeigt, kann aber selbst das thematisch von Interesse sein.

75 1. c4! droht 2. Sa4‡
Dc4:, Dd1 2. Sd7‡
Dd4 2. Da3‡

Zugwechsel: die sD in Brennpunktstellung kann im Satz nicht gleichzeitig die Felder a4, d7 und d4 unter Kontrolle halten. Weiß hat keinen Wartezug. Der Schlüssel ergibt auf 1. ... Dd4 den Mattwechsel 2. Da3‡ mit Übergang von einem Schlagmatt (im Satz 2. Dd4:‡) zum Blockmatt.

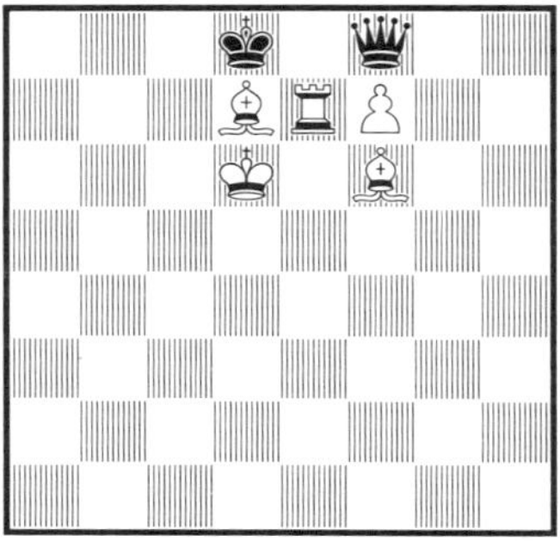

76 E. Pape

L'Echiquier Marseillais, 1925/26

Matt in 2 Zügen

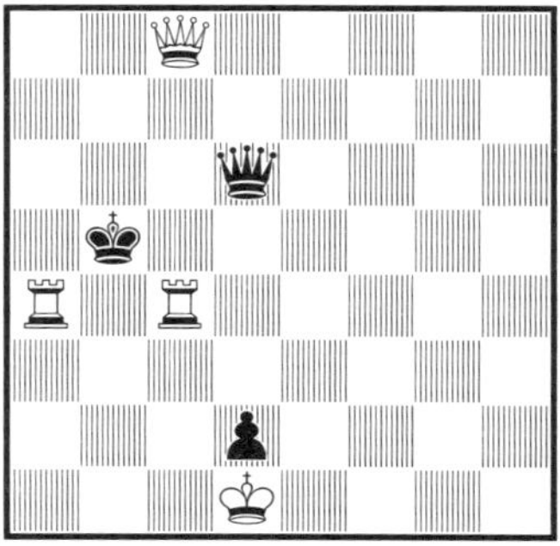

77 K. Sievers

Die Schwalbe, 1934

Matt in 2 Zügen

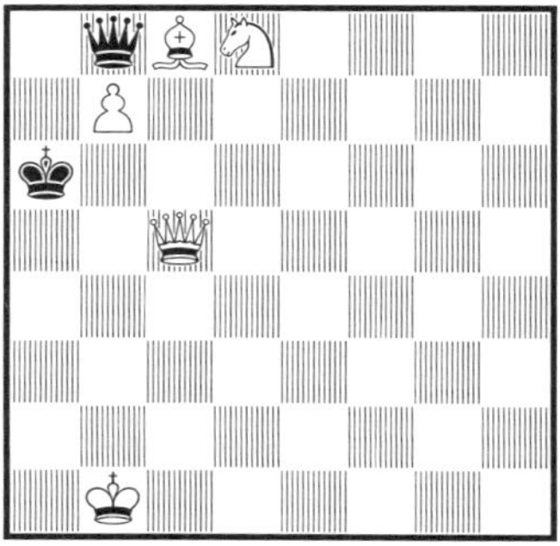

78 A. de Savignac

L'Echiquier Marseillais, 1925/26

Matt in 2 Zügen

76 1. Kc6! droht 2. Te8‡
De7: 2. f8D(T)‡
Zugwechsel mit dem Satz 1. ... D~/De7:+ 2. Te8‡/Le7:‡, Weiß hat keinen Wartezug. Der Schlüsselzug ergibt einen Mattwechsel auf 1. ... De7:, das Schlag- wird gegen ein Fesselungsmatt bei Damenumwandlung ausgewechselt.

77 1. Da8! droht 2. Da5‡
Zugwechsel mit dem Satz (die sD befindet sich in Brennpunktstellung) 1. ... Kb6/Db6/D~ 2. Da6‡/Tcb4‡/D,T‡. Weiß hat keinen Wartezug. Der Schlüsselzug ergibt den Mattwechsel: 1. ... Db6 2. Tab4‡, ein Echo (Pendelecho) zum Satzmatt.

78 1. Sc6! (droht 2. Da5‡ und Sb4‡)
Db7:+ 2. Sb4‡
Dc8: 2. bcD(L)‡
Zugwechsel mit dem Satz 1. ... Dc7/Dc8:/Db7:+ 2. b8S‡/bcD(L)‡/Lb7:‡, also mit Umwandlung des wB in S und D (auf 1. ... D~ beliebige Umwandlung); Wartezüge des wK scheitern an Schachs der sD. Nach dem Schlüsselzug ergibt sich ein Mattwechsel auf das Schachgebot, wobei ein (batterieloses) Kreuzschach nach Selbstfesselung der sD anstelle des Schlagmatts erfolgt; allerdings ist der Mattzug der Lösung hier eines der Drohmatts (s. Nr. 56).

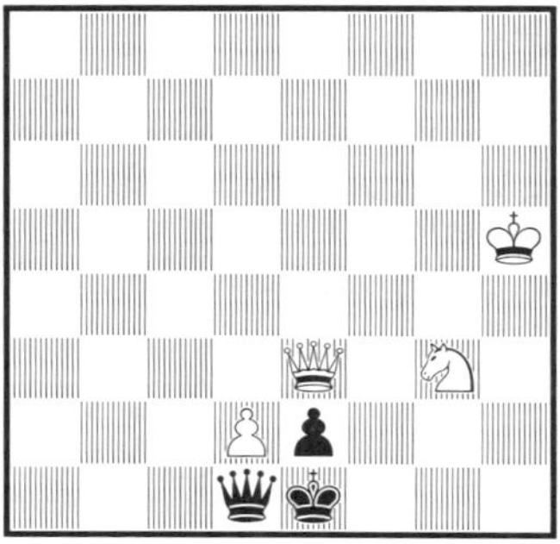

79 F. Lazard

La Stratégie, 1925

Matt in 2 Zügen

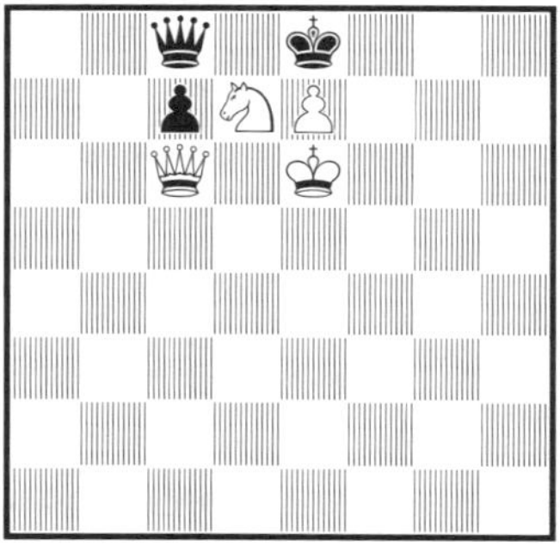

80 A. de Savignac

L'Echiquier Marseillais, 1925/26

Matt in 2 Zügen

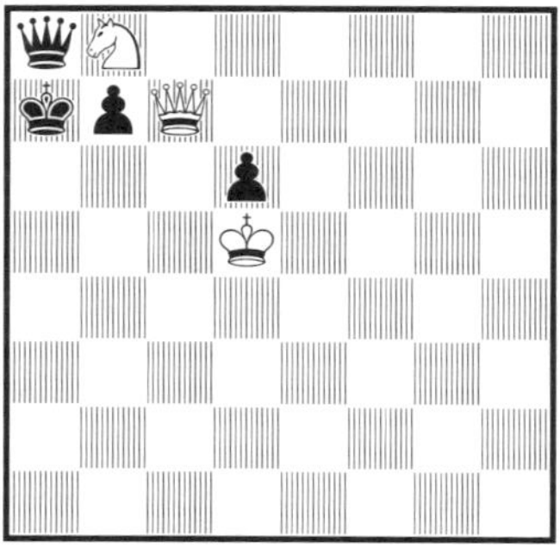

81 L. Szasz

Magyar Sakkvilág, 1927

Matt in 2 Zügen

79 1. Se4! D~ 2. Dg1‡
Kf1 2. Df2‡

Zugwechsel mit dem Satz 1. ... D~/Dd2: 2. De2:‡/Dg1‡ (Blockmatt). Als „Wartezug“ scheitert 1. Kg5(h6)? an 1. ... Dd2:! mit Fesselung der wD durch sD. Der Schlüsselzug droht zweierlei, was von Schwarz – durch die Mattwechsel auf die Züge der sD und das Mehrmatt auf den des sK – dualfrei differenziert wird.

80 1. Da8! droht 2. Dc8:‡
Da8: 2. Sf6:‡

Zugwechsel mit dem Satz 1. ... D~/Dd7:+ 2. Sf6‡/Dd7:‡; Weiß hat keinen Wartezug und geht zu einer Drohung (wobei das Drohmatt auf 1. ... c7~ als Mehrmatt auftritt) über.

81 1. Sc6+! Ka6 2. Da5‡

Zugwechsel mit dem Satz 1. ... Db8: 2. Da5‡. Weiß hat keinen Wartezug (nach 1. Kd6:? Db8: wäre die wD gefesselt), er greift zu einem Schachgebot; es kommt danach zu einem völligen Wechsel des Spiels, wobei – also unter „Paradenwechsel“ – derselbe Mattzug erfolgt wie im Satz.

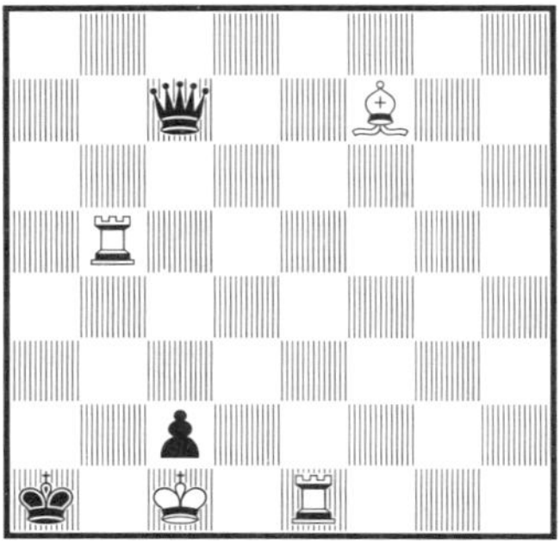

82 E. Brunner

Basler Nachrichten, 1927

Matt in 3 Zügen

83 G. Sachodjakin

Schachmaty w SSSR, 1967

Matt in 3 Zügen

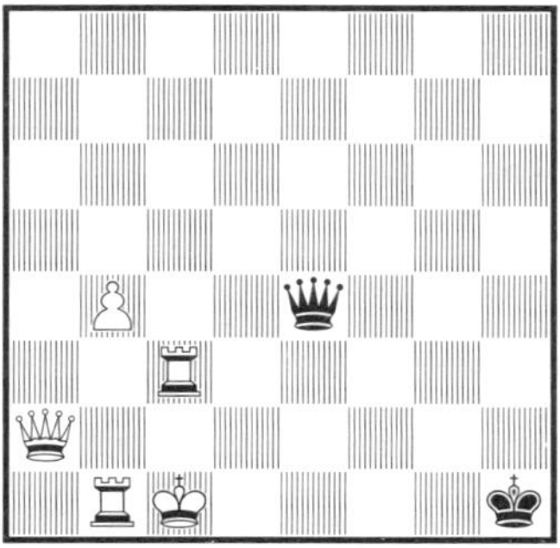

84 W. Preiswerk

Schweizerische Schachzeitung, 1906

Matt in 3 Zügen

82 Die sD hat in der Anfangsstellung die Brennpunkte a5 und c2 zu bewachen, was noch nicht in der Weise genutzt werden kann, daß sie durch Schachgebot auf dem einen von dem anderen Brennpunkt weggelenkt wird (1. Ta5+? Da5: 2. Kc2:+ De1:). Durch einen Wartezug (z.B. 1. Le6?, auch 1. Tg,h1?) wird sie nicht in Verlegenheit gebracht, da ihr mit 1. ... Dc3(5) der ursprünglichen gleichwertige Brennpunktstellungen zur Verfügung stehen. Deshalb verlegt Weiß das Brennpunktfeld auf der a-Linie mit **1. Tb6!** (droht 2. Ta6+), worauf nun nach **1. ... Dc8,6,4** die neue Brennpunktstellung der sD ihre erfolgreiche Weglenkung von c2 mit **2. Ta6+** Da6: 3. Kc2:‡ möglich macht. Ferner **1. ... Df7: 2. Kc2:+** Ka2 3. Ta6‡. Weil diese Züge gegen 1. ... Df7: versagen, scheitern 1. Tb7? und 1. Tb8?, und nach 1. Tb4? Dc6! (1. ... Dc4? 2. Tc4: Ka2 3. Ta4‡) 2. Ta4+ Da4: würde die sD direkt das Feld c2 decken, so daß nun 3. Kc2: nicht erfolgen könnte.

83 Nach **1. Dg1!** befindet sich die sD in Zugzwang, sie hat als Brennpunkte die Felder d2, a7, g7 und d4 zu kontrollieren, von denen sie stets mindestens eines aufgeben muß (auf 1. ... Dd1+ folgt 2. Kd1: Kb1 3. Kd2‡). Die wD hat hier zu Anfang die Auswahl zwischen mehreren analogen Versuchen: 1. Dh1? (droht 2. Da8+ und Dh8+) scheitert an 1. ... Dd8!, 1. Df1? (droht 2. Da6+ und Df6+) an 1. ... Dd6! und 1. De1? (droht 2. Dc3+ und De5+) an 1. ... Dd4! – die sD kann hier also jeweils eine alle Angriffspunkte dekkende Stellung beziehen; ferner 1. Df3? Dd1+!.

84 **1. Tc2!** (droht/De5, Dd4 2. Kb2+/Da8+ oder Th2+, auf 1. ... De1+ 2. Kb2 mit orthogonaler Fesselung der sD) **Dg2 2. Da8!** (droht 3. Dg2:‡) Da8: (D~) 3. Kb2‡: diagonale Fesselung der sD, die dabei für den Fall des Schlagens der wD zugleich aus dem Batteriebereich weggelenkt werden muß (unzureichend daher, nach 1. ... Dg2, 2. Dd5? Dd5:! 3. Kb2+ wegen 3. ... Dd1); s. dazu Nr. 146, 147.

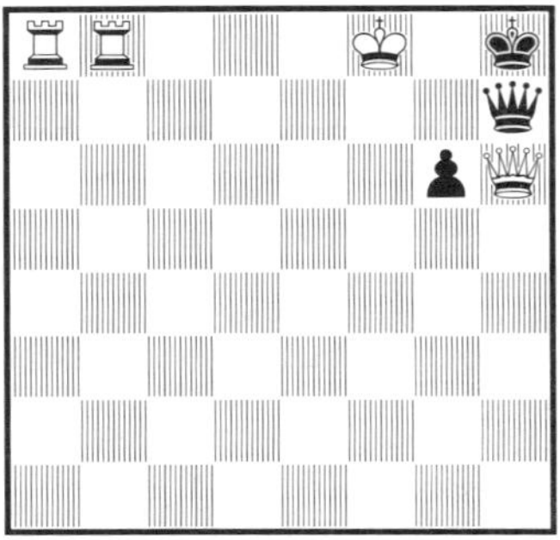

85 **A. Renn**

Schach-Echo, 1968

Matt in 3 Zügen

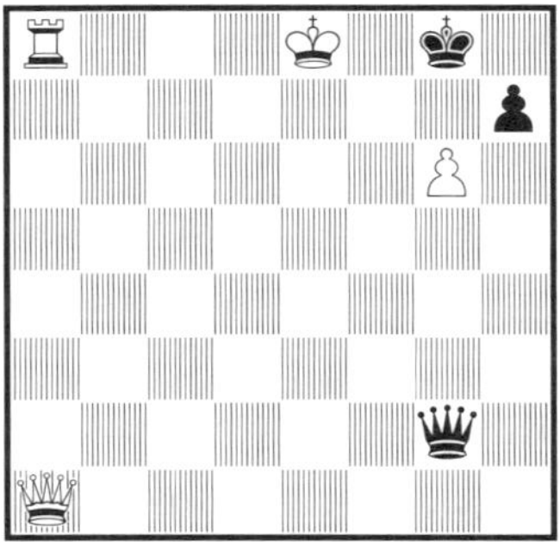

86 **F. Karge**

Deutsche Schachzeitung, 1980

Matt in 3 Zügen

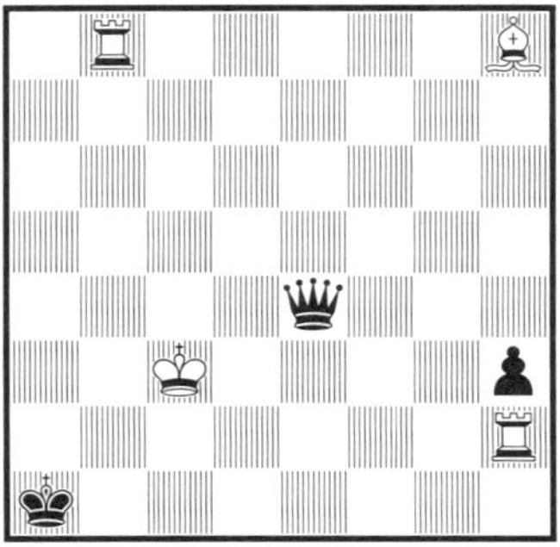

87 **C.S. Kipping**

Hampstead and Highgate Express, 1911

2. ehrende Erwähnung

Matt in 3 Zügen

85 **1. Dh1!** (droht, auf 1. ... g5, 2. Da1+) Dh1: (Dh5) 2. Kf7+ Kh7 3. Th8‡. Die sD muß so weit ziehen, daß die nach ihrem Schlagen entfesselte sD über den Bereich hinausgelenkt ist, in dem sie noch die Batterie Tb8/Kf8 kontrollieren kann: 1. Dh2,3,4? D:D 2. Kf7+ Db,c,d8!.

86 **1. Dh8+!** Kh8: 2. Kf7+ Da8:, und nach dieser Aufopferung der beiden schweren Figuren setzt der dem Weißen allein verbliebene Bauer matt: 3. g7‡. Ein humorvolles Spektakel!

87 **1. Td2!** droht 2. Kb3+ 3. Td1‡ (auf 2. ... Dd4 als Fesselungsmatt) und ermöglicht zugleich, durch Entblockung des Bh2, die sD später ohne Patt zu schlagen. Die sD muß nun gleichzeitig die Drohung parieren und die Batterie im Auge halten: 1. ... Db1 2. Ta8+ Da2 3. Td1‡ mit Block und Fesselungsmatt (auf andere Züge wird sie geschlagen, z.B. 1. ... De5+/ Dd4+ 2. Le5:/T,L,Kd4:). 1. Tf2? h2! (es drohte nichts), 1. Tc2? (droht 2. Kd2+) Dh7!.

Die sD hat ihre Höchstzahl von 27 Feldern zur Verfügung; in vorliegender Stellung, in welcher der gegnerische König sich im Springerabstand zu ihr befindet, verfügt sie zugleich über die bei dieser Konstellation maximale Anzahl von 10 Schachgeboten (s. dazu Nr. 122, 125).

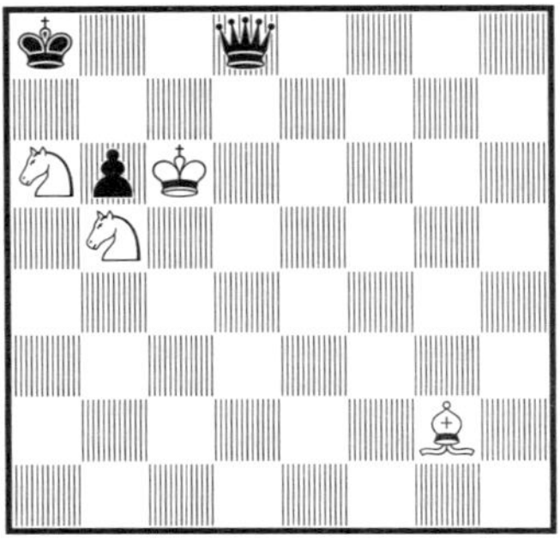

88 O. Nerong

Kieler Nachrichten, 1960

Matt in 3 Zügen

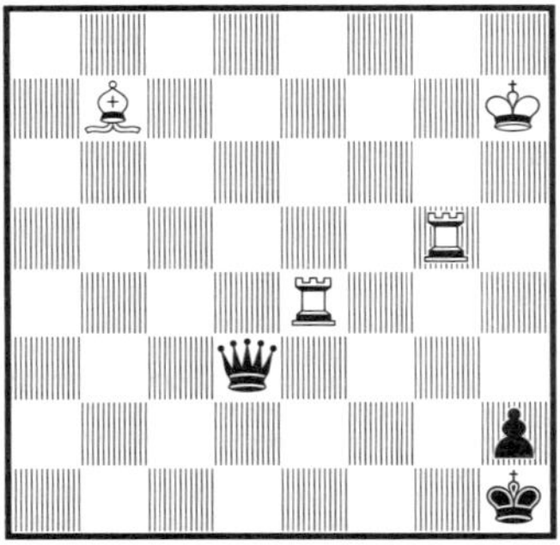

89 W. Speckmann

De Waarheid, 1971

Matt in 3 Zügen

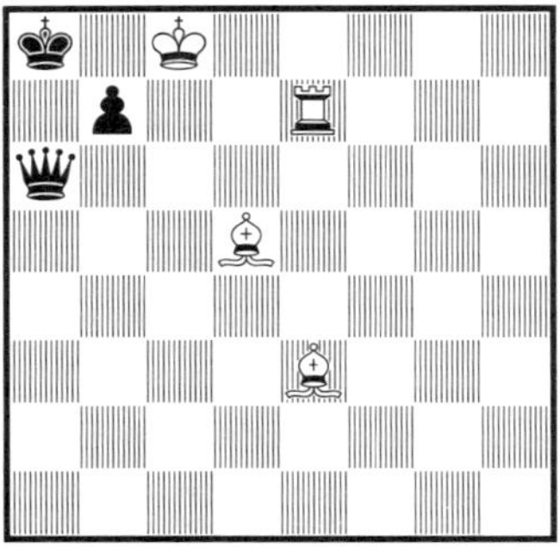

90 M. Lipton

Israelisches Jubiläumsturnier 1955

2. ehrende Erwähnung

Matt in 3 Zügen

88 Zugwechsel mit den Satzspielen (die sD kann nicht mit Erfolg die Felder c7 und b6 gleichzeitig unter Kontrolle halten) 1. ... Dd5+, Dg8 (Dg5) 2. Kb6:(+) D:L 3. Sbc7‡, 1. ... Dd4, Df6+ 2. Kc7+ 3. L:D‡ und 1. ... Db8 (blockt) 2. Sac7+ Dc7:+ 3. Kc7:‡. Mangels eines reinen Wartezuges muß der wL seine günstige Stellung aufgeben: dabei scheitern, weil die sD dann beidemal gleichzeitig mit dem Angriff auf den wL das Feld b6 deckt, 1. Le4? an 1. ... Dd4! und 1. Lf3? an 1. ... Df6+!; daher **1. Lh1!**, womit gegenüber dem Satz nur die Änderung eintritt, daß die Parade 1. ... Dg8(5) jetzt durch 1. ... Dh8(4) ersetzt ist.

89 Mit Aufrechterhaltung der Fesselung des Te4 kommt Weiß nicht zum Ziele: 1. Ld5? (1. ... Dc2, Db1? 2. Kg8) Dh3+! 2. Th4+ Dg2!. Nach der erforderlichen Entfesselung des Turmes durch einen Zug des wK droht jeweils 2. Te1‡. Dabei scheitern 1. Kh6, Kh8? wie oben an 1. ... Dh3+! 2. Th4+ Dg2! (der wT ist vom Zugang zur 1. Reihe weggelenkt und die sD verstellt den Tg5) sowie 1. Kg7? an 1. ... Dd7+! 2. Te7+ Db7:! (der wT ist gefesselt); 1. Tg6? wird durch beides widerlegt. Zum Ziel führt **1. Kg8!;** die Hauptvariante **1. ... Dd5+ 2. Te6** Db7: 3. Te1‡ zeigt das Brede-Kreuzschach (die ein schwarzes Schachgebot durch Verstellung der Schachlinie unterbindende weiße Figur wird von Schwarz wieder entfesselt und setzt matt); auf 1. ... Dd8+ folgt 2. Te8+, auf 1. ... Db3+ geht 2. Te6+ und 2. Tc4+.

90 **1. Tb7:!**, Zugzwang: 1. ... Dc6+ 2. Tc7+ Dd5: (Db7+) 3. Ta7‡ (Lb7:‡), 1. ... Dc4+ 2. Tc7+ Dd5: (Dc6) 3. Ta7‡ (Lc6:‡), 1. ... De6+ 2. Td7+ Dd5: (Dc6+) 3. Ta7‡ (Lc6:‡): in drei Varianten, also dreimal, das Brede-Kreuzschach.

Ein wegen des naheliegenden Schlüsselzuges zwar harmlos erscheinendes, aber bei „sehr genauem" Zusehen thematisch sehr gehaltvolles Problem: 1. Te4? Dc4+! 2. Lc4: b6! (3. Ta4?) scheitert an der durch Hinlenkung des wL seitens der sD bewirkten Selbstverstellung. Ferner verwirklichen drei Mattwechselpaare das sog. Sagoruiko-Thema (dreiphasiger Matt- bzw. Mattführungswechsel auf zwei schwarze Züge): auf 1. ... De6+/Dc4+ erfolgt im Satz 2. Le6:/Lc4:, in der (an 1. ... Db6! scheiternden) Verführung 1. Te8? hingegen 2. Kc7+/Kd7+ und in der Lösung schließlich 2. Tc7+/Td7+; wobei noch dazu in jeder der drei Phasen eine andere Figur die beiden Züge ausführt.

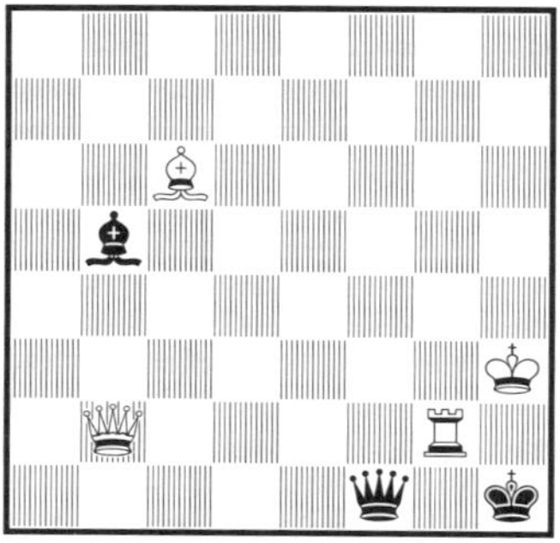

91 W. Speckmann

Europe Echecs, 1967

Matt in 3 Zügen

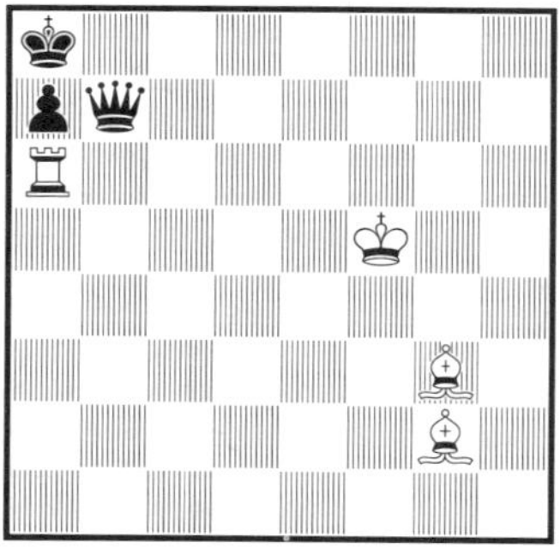

92 V.L. Eaton

The Problemist, 1935

Matt in 3 Zügen

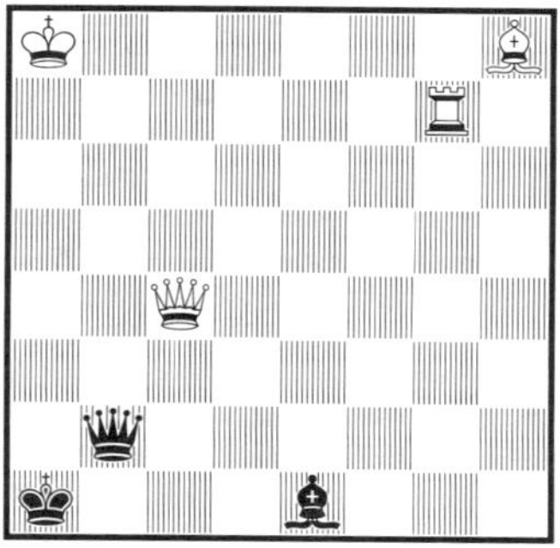

93 W. Speckmann

Berliner Morgenpost, 1973

Matt in 3 Zügen

91 **1. Df2!** droht 2. Dg1+ Dg1: 3. Th2‡, 1. ... Df2: 2. Th2+ Kg1 3. Th1‡. Weglenkungen der schwarzen durch Opfer der weißen Dame zwecks Entfesselung des wT, dabei kommt es zu je einem Nah- und Fernblock der sD für den sK; ferner 1. ... Dd3+ 2. Tg3+, Kreuzschach. Zahlreiche Verführungen: 1. Dd4? (droht 2. Dg1+) Lc6:!; 1. De5? (droht/Df3+/Df5+/Dg2:+/Dg1 2. Dh2‡/Lf3:/Tg4+/Lg2:/ Th2‡) Dd3+! 2. Tg3+ Lc6:! (der T verstellt die D); sowie – was zu einem Zusammenspiel von zwei weißen Batterien führt – 1. Dh8? (droht 2. K+; 1. ... Df3+/Df5+/Dd3+ 2. Lf3:/ Kg3+/Kg4+ und 1. ... Dg2:+ 2. Lg2:+ Kg1 3. Dd4‡) Df6,8!, vgl. dazu Nr. 112.

92 **1.Tc6!** (droht/a7~ 2. Tc8‡/Ta6‡) Dd7+/Df7+/Dh7+/ Db5+/Db1+ 2. Te6+/Tf6+/Tg6+/Tc5+/Tc2+ Db7 3. T8‡; in fünf Varianten, also fünffach, das Brede-Kreuzschach. Wegen des Schlüsselzuges gilt, was zu Nr.39 bemerkt wurde.

93 **1. Dc2!** (droht 2. Ta7+) Dc2: 2. Ta7+ Kb1 3. Ta1‡, die Annahme des Damenopfers bewirkt einen Fernblock der sD für den sK; ferner 1. ... La5 2. Tg1+~ 3. Db2:‡, 1. ... Db8+ 2. Kb8: Lg3+ 3. Tg3:‡, 1. ... Dg7: 2. Lg7:+ Lc3 3. Lc3:‡.

Das analoge 1. Db3? führt nach 1. ... Db3: wegen der Verstellung der 1. Reihe durch den sL nicht zum Ziel. – S. auch Nr. 100.

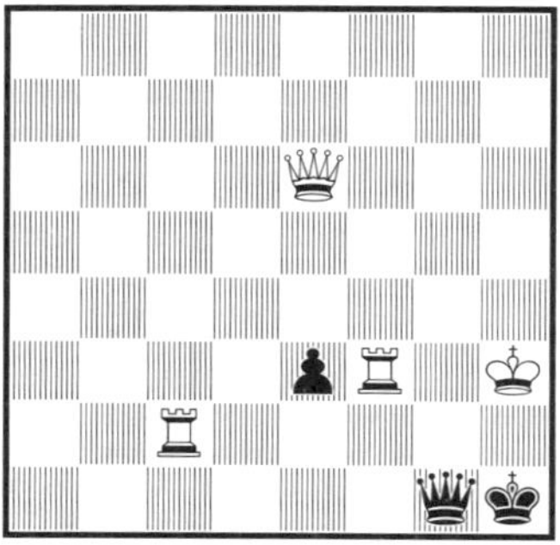

94 W. Speckmann

Die Schwalbe, 1953

Matt in 3 Zügen

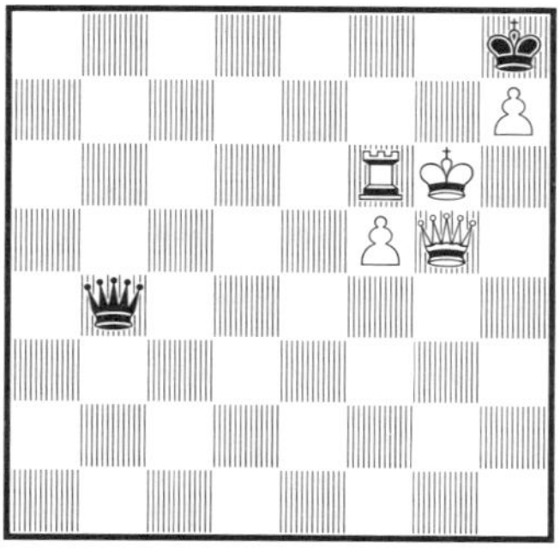

95 G. Sachodjakin

Schachmatnaja Moskwa, 1961

1. Preis

Matt in 3 Zügen

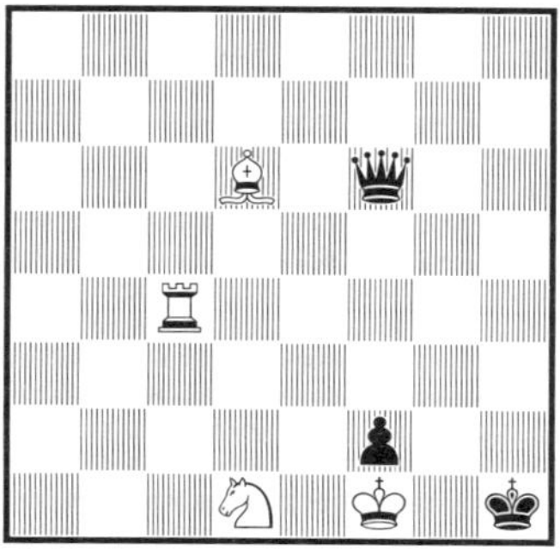

96 F. Palatz

Gudehus-Jubiläumsturnier 1932

Lob

Matt in 3 Zügen

94 Die sofortige Herstellung der D-T-Batterie mit 1. De4, Dd5, Dc6? (droht 2. Tf1‡) scheitert noch an 1. ... Dg2+ (2. Tg2: e2 3. ?). Deshalb wird zunächst (Vorplan) die sD durch **1. Tc1!** (1. ... e2 2. De2:) **Dc1:** weggelenkt; danach genügen aber nicht 2. De4? oder 2. Dd5? wegen 2. ... Kg1!, vielmehr muß **2. Dc6!** erfolgen, worauf die damit sich ergebende Doppeldrohung dualfrei differenziert wird: 2. ... Kg1/~ 3. Dc1:‡/Tf1‡.

Der Schlußeffekt allein läßt sich im Zweizüger „weiträumiger" darstellen: W. Speckmann (Die Schwalbe, 1954) Kh3, De8, Tf3 – Kh1, Da1, Bc3; 1. De4?, 1. Dc6?, 1. Da8!.

95 Nach **1. Df4!** hat die sD die Brennpunkte b8 und f8 zu kontrollieren; daher **1. ... Dd6/Db6** mit der Folge **2. De5!/Dd4!**, wonach jeweils 3. T:D‡ droht und, wenn die sD die 6. Reihe verläßt, wegen der damit erfolgenden Entfesselung des wT 3. Tf8‡ geschieht. Die D-T-Batterie wird in analogen Spielen mit der wD als Hinterstück auf zwei verschiedenen Feldern hergestellt, wobei sowohl der Schlüsselzug der wD (1. Dg3?) wie ihre zweiten Züge (1. ... Dd6 2. Dd4?, 1. ... Db6 2. De5?) durch die Notwendigkeit mitbestimmt werden, der sD durch ihre Verstellung ein Schachgebot auf der g-Linie zu verwehren.

96 Die sD hat die Kontrolle der Brennpunkte f2 und h4 aufrechtzuerhalten, was in der Anfangsstellung noch mit Erfolg durch 1. ... Dd4 geschehen kann. Deshalb wird sie mit **1. Le5!** vom Zugang nach d4 abgesperrt, worauf ihr (1. ... D~ 2. Sf2:+ oder Th4+) als beide Brennpunkte deckende Parade nur noch **1. ... Df4** verbleibt, auf die sie jedoch wegen der Verstellung des wL mit **2. Tf4:** unter Pattvermeidung nebst Abzugsschach (man bezeichnet dies als Anderssen-Verstellung bzw. -matt) geschlagen werden kann: 2. ... Kh2 3. Th4‡; ferner **1. ... De5: 2. Th4+** Dh2 3. Sf2:‡.

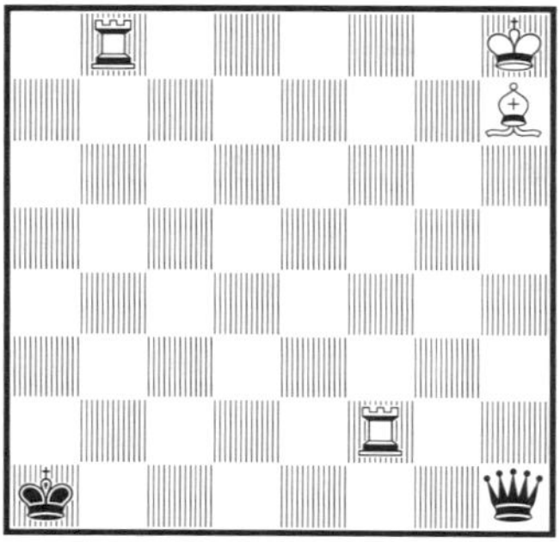

97 **R. Cheney**

Süddeutsche Schachzeitung, 1957

Matt in 3 Zügen

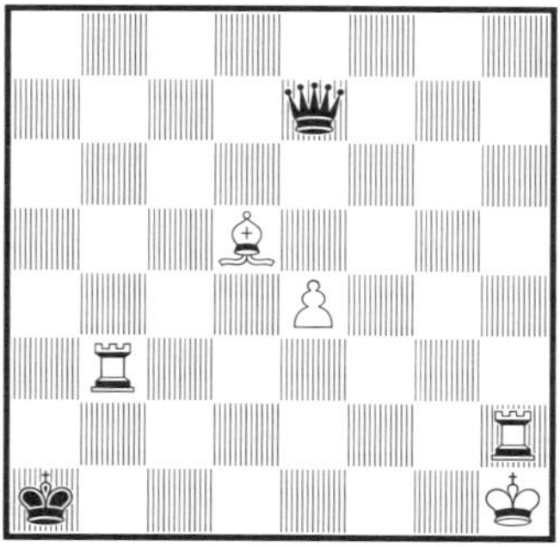

98 **F. Palatz**

Basler Nachrichten, 1931

Matt in 3 Zügen

99 **K. Fabel**

Die Schwalbe, 1937

Matt in 3 Zügen

97 In der Anfangsstellung kann die sD die Brennpunkte a8 und b1 noch mit 1. ... Db7 (wegen 2. T:D patt) unter Kontrolle halten. Entsprechend verhält es sich, wenn Weiß mit 1. Td8? (Dd5!), 1. Tg8? (Dg2!) – gegen 1. Tc8? genügt neben 1. ... Dc6! auch 1. ... Dh7:+! – den Brennpunkt auf der 1. Reihe verlagert. Zum Ziel führt hingegen **1. Te8!** (Zugzwang, 1. ... D~ 2. Ta8+ bzw. Te1+), da nun auf den Oppositionszug **1. ... De4** die sD wegen der Anderssen-Verstellung des wL mit **2. Te4:** unter Pattvermeidung geschlagen werden kann: 2. ... Kb1 3. Te1‡.

98 Nach 1. Tf3? führt 1. ... De4: (2. Le4:) zum Patt. Das hiergegen gerichtete 1. Te3? (De4:+ 2. Te4:) scheitert an 1. ...Db,h4!. Daher verstellt Weiß mit **1. Td3!** (droht 2. Td1‡) zwecks Pattvermeidung im voraus seinen Läufer (eine vorwegige Anderssen-Verstellung), wonach **1. ... De4** mit **2. Le4:** Kb1 3. Td1‡ beantwortet werden kann.

99 1. La4? Dd3(e2)! 2. Tc8+ Dc2 3. Tc2:+ Kd1 – der wL hat das Feld c2 (kritisch) überschritten mit der Wirkung, daß er dort von der sD mit Erfolg verstellt werden kann. In der Lösung (wo der sD gleichzeitig die Diagonale h3 – c8 verstellt werden muß, 1. Lh5? Dh3!) **1. Lg4!** (droht 2. Tc8+ und 2. Tf1+) Df3/ De2 2. Tf3: / Te2: Kd1 3. Tf1‡ zieht der wL zwar auch so, daß ihn die sD zu verstellen in der Lage ist, doch kann sie nun beidemal mit Pattvermeidung vom Turm geschlagen werden.
Bei den Verstellungen in der Lösung handelt es sich auf f3 um eine Anderssen-, auf e2 um eine Cheney-Verstellung, und da dem ein kritischer Zug vorhergeht, um einen (allerdings jeweils zweckgetrübten) Inder bzw. Cheney.

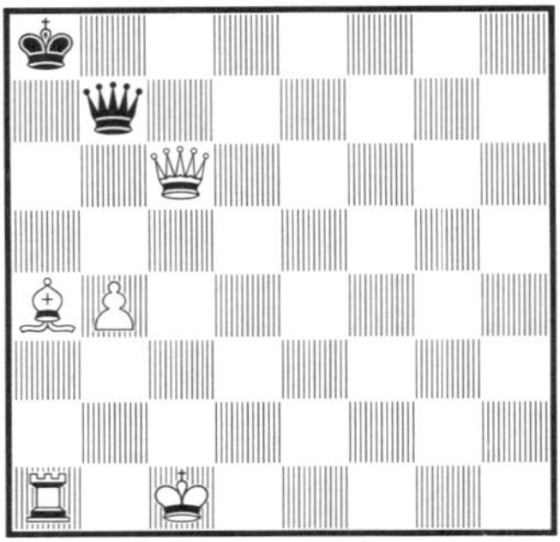

100 A.W. Mongrédien

Ill. London News, 1901

Matt in 3 Zügen

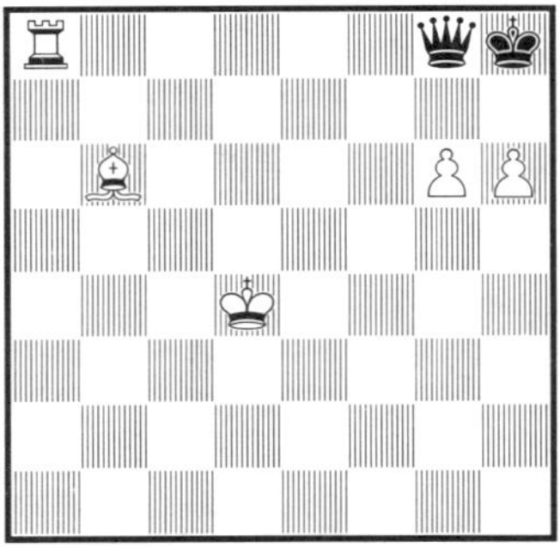

101 E. McCarthy

The Problemist, 1934

Matt in 3 Zügen

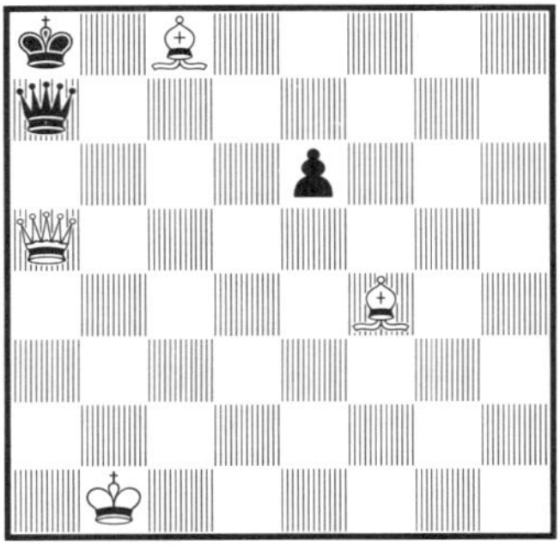

102 J. Konikowski

Wetscherni Swerdlowsk, 1967

2. Preis

Matt in 3 Zügen

100 **1. Dc7!** (droht/Dh1+ 2. L~+/Ld1‡) Dc7: 2. Lc6+ Kb8 3.Ta8‡. – die Annahme des Damenopfers bewirkt einen Fernblock der sD. – S. auch Nr. 93 mit diagonaler statt (wie hier) orthogonaler Batterie.

101 **1. Ld8!** (droht 2. Lf6‡): 1. ... Dg6: 2. Lf6+ Kh7 3. Th8‡, 1. ... Df8(De8) 2. Lf6+ Kg8 3. h7‡ (Te8:‡); zweimal Fernblock der sD.

102 **1. La6!** entfesselt die sD (und droht, jedoch unausführbar, 2. Dd8+): 1. ... Dg1+/Dh7+/Db7,8+ 2. Lf1+/Ld3+/Lb5+ Da7 3. Lg2‡/Le4‡/Lc6‡ (auf 2. ... Kb7 3. Da6‡), dreimal Brede-Kreuzschach; ferner 1. ... e5 2. Dd5+ Kb8 3. Dd8‡.

103 A. Borowkow

Magadanskaja Prawda, 1986

1. Preis (Miniaturenturnier)

Matt in 3 Zügen

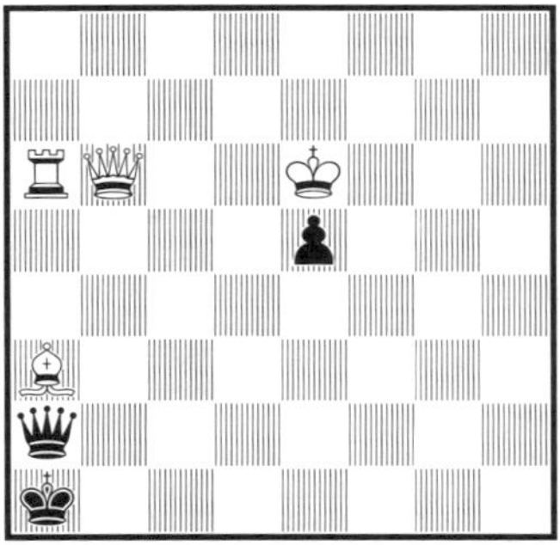

104 W. Speckmann

Die Schwalbe, 1972

Lob

Matt in 3 Zügen

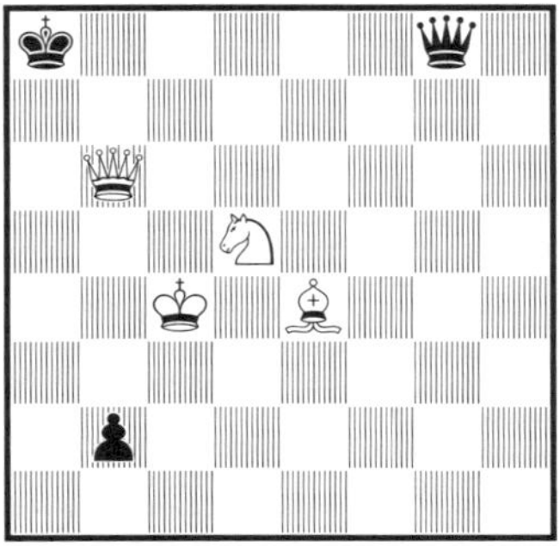

105 G. Sachodjakin

Rochade, 1980

1. Preis (Miniaturenturnier)

Matt in 3 Zügen

103 Im Satz geschieht 1. ... Dg6+/Db6+ 2. Ld3+/Lb5+ Dg1 3. Le4‡/Lc6‡. In der Lösung **1. Ka2!** (droht 2. Lh3) erfolgt stattdessen 1. ... Dg8+/Da7+ 2. Lc4+/La6+ Dg1 3. Ld5‡/Lb7‡: die beiden ursprünglichen Schachgebote der sD werden also gegen zwei andere ausgewechselt, es kommt so – in Satz und Lösung – zu vier analogen Spielen mit Kreuzschachs, wobei der wL auf jedem der vier Felder zwischen e4 und b7 mattsetzt.
Das Turnier verlangte drei- und vierzügige Miniaturen mit der sD.

104 Der wK muß aus dem Schach ziehen. Wegen nicht parierbarer neuer Schachgebote verbieten sich 1. Kd6? (Dd2+!) und 1. Kf5? (Dc2, f7+!), so daß drei Felder (f6, d7 und e7) verbleiben: 1. Kf6? (Df2+/e4 2. Df2:/Dd4+) scheitert an 1. ... De2!!, und nach 2. Lc1+ Da6:! ist die wD gefesselt. Das vermeiden die beiden anderen Züge: 1. Kd7? führt zwar nach 1. ... Dd5+? mit 2. Ld6+ Da2 3. Le5:‡ zum Ziel, mit 1. ... Df7+! 2. Le7+ lenkt die sD den wL aber – perikritisch – hinter den Be5 (2. ... Da2 3.?); daher **1. Ke7!** (droht 2. Lc1) De2 2. Lc1+ Da6: 3. Db2‡.

105 1. Kd4? und 1. Kc5? scheitern an 1. ... Dd8!/Dg5!, also an der erneuten Fesselung des von Weiß entfesselten wS durch die sD (vgl. Nr. 23). Nach 1. Kb4? hat Schwarz die schlechte Verteidigung 1. ... Df8+ (2. Se7‡) und die gute 1. ...b1D+!. Um die gute Verteidigung auszuschalten, so daß nur die schlechte übrig bleibt (eine sog. „Beugung“), geschieht **1. Kc3!** (droht 2. Sc7‡) **b1S+**, worauf **2. Kb4** Df8+ 3. Se7‡ zum Ziele führt.
Die hier erfolgte Erzwingung einer Umwandlung, damit eine andere Umwandlung nicht mehr möglich ist, bezeichnet man als „Holstumwandlung“: es liegt eine logische Vorbereitungskombination vor, in der der Vorplan eine Beugung durch Holstumwandlung bewirkt.

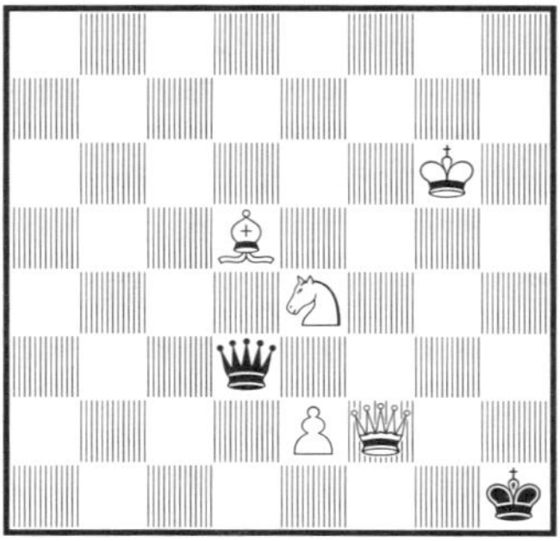

106 K. Junker

Neue Zürcher Zeitung, 1971

Matt in 3 Zügen

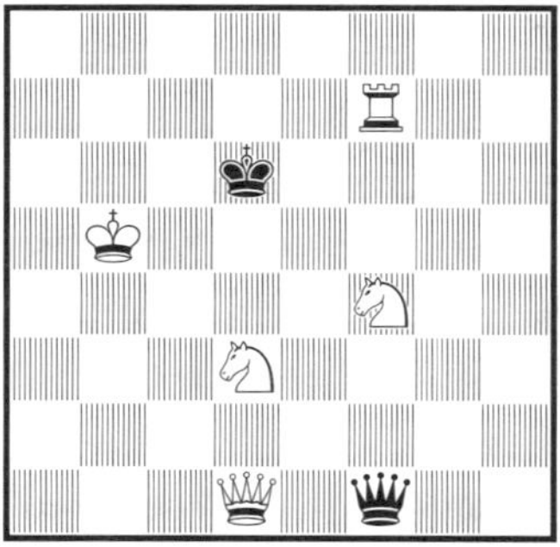

107 H. Barbereau

L'Aube, 1948

Matt in 3 Zügen

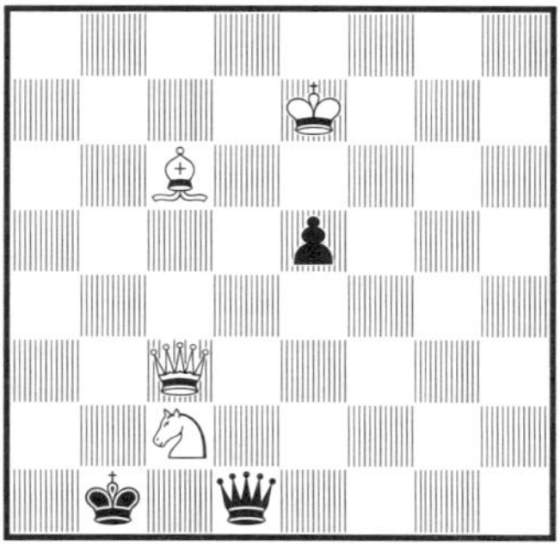

108 H. Hultberg

Tidskrift för Schack, 1968

Matt in 3 Zügen

106 Wenn der wK sofort den wS entfesselt, stehen der sD erfolgreiche Schachgebote zur Verfügung. Vielmehr **1. Lc6!** (Zugzwang), womit der sD vorsorglich die c-Linie und die 6. Reihe verstellt wird, so daß **1. ... Dc2** mit **2. Kg7!**, **1. ... Db1** mit **2. Kf6!** beantwortet werden kann. Beidemal ergeben sich Kreuzschachs. – Vgl. auch Nr. 164.

107 **1. Dd2!** (droht 2. Db4‡, 1. ... Dd3:+/De1 2. Dd3:+/Se1:+ Ke5 3. Dd5‡) **Db1+ 2. Sb2+ Dd3+**/ (Ke5) **3. Sc4‡**, Modellmatt / (Dd5‡).

Im Hauptspiel Brede-Kreuzschach, vertieft dadurch, daß der den weißen Stein entfesselnde spätere schwarze Zug ebenfalls mit Schach erfolgt; so ergeben sich insgesamt vier Schachgebote hintereinander, dabei drei (als weißes, schwarzes und wieder weißes) Kreuzschachs.

108 Nach **1. Le4!** (droht 2. Da1‡, 1....D+ 2. K:D) ergeben sich in den Varianten 1. ... Dc2: 2. Dc2:+ Ka1 3. Db1‡, 1. ... Dd4 2. Sa3+ Ka2 3. Lb1‡ und 1. ... Dd3 2. Ld3: e4/Ka2/Kc1 3. Da1‡/Sb4‡/Se3‡ vier Modellmatts und ein unreines ökonomisches Matt, davon zwei Batteriematts (je einmal indirekte und direkte Batterie).

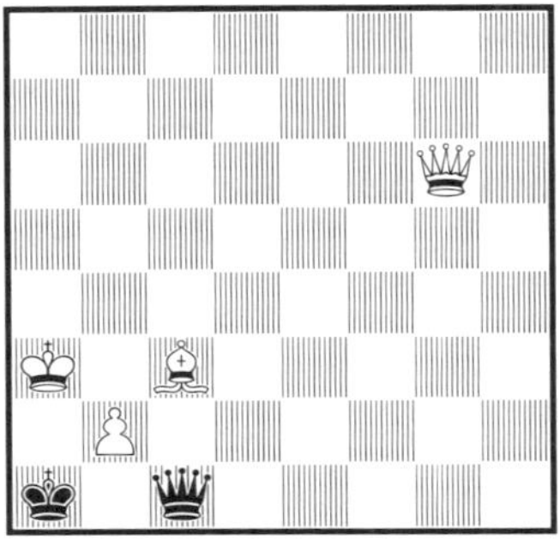

109 B. Pustowoi

Pionerskaja Prawda, 1953

Matt in 3 Zügen

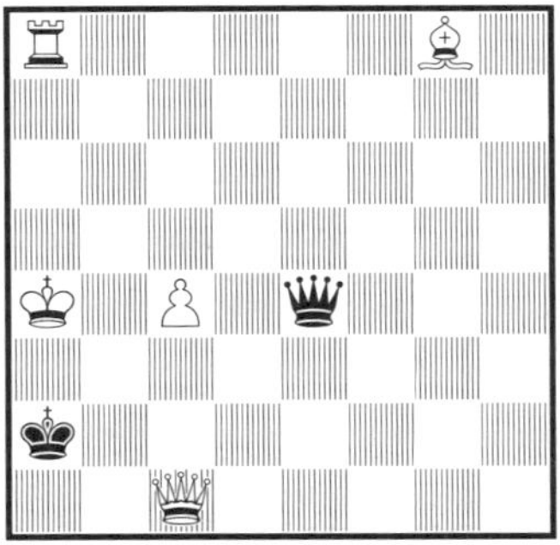

110 W. Speckmann

Die Welt, 1972

ehrende Erwähnung

Matt in 3 Zügen

111 G. Latzel

Deutsche Schachzeitung, 1979

Spezialpreis für Miniaturen

Matt in 3 Zügen

109 **1. Lh8! Dc3+ 2. b3** Dh8: 3. Dg1‡ (1. ... Dc5+/Dh1 2. b4/b2~+). Der wL muß so weit zurückziehen, daß die sD, wenn sie ihn später schlägt, aus dem Bereich a1–g1 weggelenkt ist: 1. Lg7? (bei 1. Lf6, e5, d4? greifen darüberhinaus Angriffe der sD von der 1. Reihe oder von c5 aus durch) Dc3+! 2. b3 Dg7: 3. Dg1+ Dg1:.

Der Prioritätsanpruch, den zu dieser Stellung (mit wLd4) später ein anderer Komponist geltend gemacht hat, kann nicht als hinreichend belegt angesehen werden.

110 Die sD in brennpunktartiger Stellung kontrolliert die beiden weißen Batterien (T-K und L-B), es gilt, sie durch Abfeuern der einen von der anderen wegzulenken. Das geht nicht sofort, 1. Kb4+? Da8: 2. c5+ Dg8:. Um ein erfolgreiches Zusammenspiel der beiden Batterien zu erzielen, muß der wT in eine günstigere Position gebracht werden. Dabei scheitern 1. Ta7? Dd4! 2. Kb4+ Da7: 3. c5+ Df7 und 1. Ta6? Dc6+! 2. Kb4+ Da6: 3. c5+ Dc4 oder De6, weil die sD hier auf das Schlagen des wT spielen kann; zum Ziel führt **1. Ta5!** mit den Spielen 1. ... Da8 2. c5+ Dg8: 3. Kb4‡. 1. ... Dd5 2. c5 Dg8:/Db3+, Dc4+ 3. Kb4‡/L:D‡ und – vier Schachgebote hintereinander – 1. ... Dc6+ 2. Kb4+ Da4+ 3. Ta4:‡.

111 Nach **1. Sa2!** (droht 2. Sc3‡) mit Entfesselung der sD werden in den beiden analogen Varianten **1. ... Df8+ 2. Tb8+** Ka5 3. Sb4‡ und **1. ... Df3+ 2. Tb7+** Ka5 3. Sc3‡; jeweils nacheinander beide weiße Batterien – die erste mit Kreuzschach – unter Absperrung der sD zum Abschuß gebracht; auf 1. ... Db4 folgt 2. Sb4:+ Kb3 3. Le6‡.

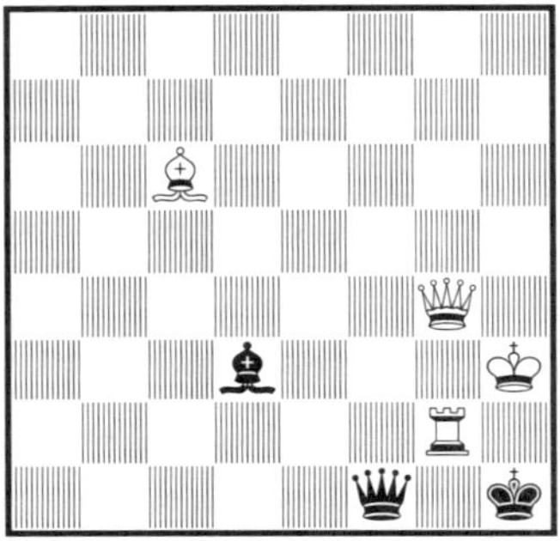

112 **W. Speckmann**

Schachmaty w SSSR, 1968

Lob

Matt in 3 Zügen

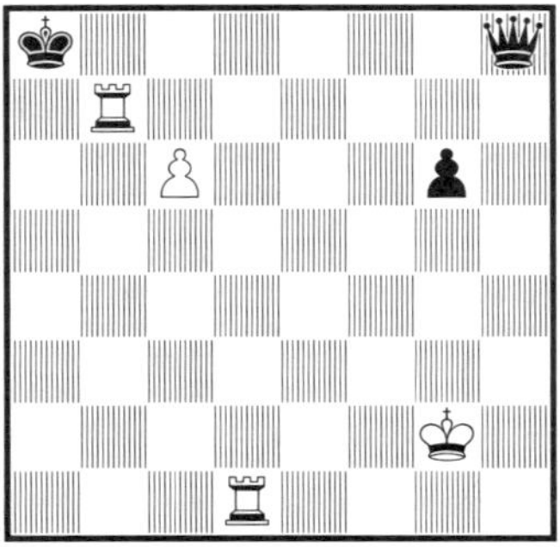

113 **L.N. de Jong**

De Maasbode, 1931

Matt in 3 Zügen

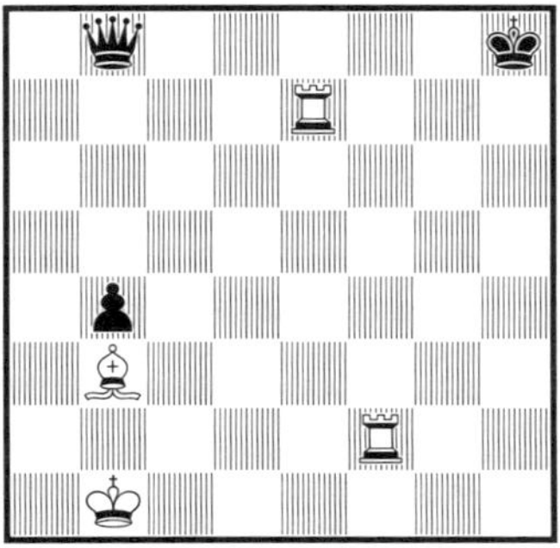

114 **O. Würzburg**

Loyd-Gedenkturnier 1941

1. Preis

Matt in 3 Zügen

112 Nach **1. Dh4!** (droht 2. Kg3‡) hat die sD zwei weiße Batterien (D/K und L/T) im Auge zu behalten, was sie überfordert: 1. ... Dg2:+ 2. Lg2:+ Kg1 3. Dd4‡ (Modellmatt), 1. ... Df3+ 2. Lf3: Lf5+ 3. Tg4‡, 1. ... D(L)f5+ 2. Kg3+ D(L)h3 3. Dh3:‡, 1. ... Df4(6) 2. Th2+ Kg1 3. Th1‡; mehrere Kreuzschachs. – Es scheitern 1. Dh5? an 1. ... Df5(7)!, 1. Dg3? an 1. ... D,Lf5+! und 1. Dd4? (droht 2. Dg1+) an 1. ... Lf5+! – Vgl. hierzu Nr. 91.

113 Die Deckung der in der Anfangsstellung von ihr zu kontrollierenden Brennpunkte d8/a1 kann die sD auf einen Wartezug (1. Kg1?) mit 1. ... Df6 und 1. ... g5 aufrechterhalten. Eine Verlagerung des ersten Brennpunktes auf der 8. Reihe führt zu nichts, da Schwarz auch danach nicht in Zugzwang ist: 1. Te1?, Tf1? g5!. Desgleichen führen die mit einer Drohung verbundenen Züge 1. Td2? (Dg8!) und 1. Td3? (Df8!) nicht zum Ziele, weil die sD darauf erneut eine günstige Brennpunktstellung einnehmen kann; nur bei **1. Td5!** (droht / Dd8 2. Ta5‡/Td8:‡, 1. ... Db2+ 2. Tb2: 3. Ta5‡) ist ihr das nicht möglich.

114 Die Deckung der in der Anfangsstellung von ihr zu kontrollierenden Brennpunkte f8/h2 kann die sD auf einen Wartezug (1. Td7?) mit 1. ... Df4 aufrechterhalten. Demgemäß muß einer der beiden Brennpunkte durch ein anderes Angriffsziel ersetzt werden: 1. Tf1?/Tf3?/Tf5?/Tf6?/Tff7? Da8!/Dc8!/De8,5!/Df4!/Dg8! sowie 1. Tg2?/Td2?/Tc2? Dg3!/Dd6,Dc7!/Dc7!; nur **1. Ta2!** führt zum Ziel, weil die sD hierzu keine neue Brennpunktposition beziehen kann: 1. ... D~ 2. Th2+ bzw. Ta8+.

115 W. Koschakin
1987

Matt in 3 Zügen

116 F. Palatz
Denken und Raten, 1932

Matt in 3 Zügen

117 W. Speckmann
nach F. Bethge
Deutsche Schachzeitung, 1980

Matt in 3 Zügen

115 Zugwechsel mit dem Satz – die sD hat die Brennpunkte a7/e1 zu bewachen – 1. ... D~(f2) 2. Ta7+ bzw. Te1+ (Ta7‡) sowie 1. ... Df2 2. Tf2: Kb1 3. Te1‡. Weiß hat keinen Wartezug (1. Kf8? Dc5! mit Fesselung des wT). Durch **1. Td7!** wird der Brennpunkt e1 nach d1 verlagert; in Zugzwang muß die sD nun die Bewachung von e7 oder d1 aufgeben (1. ... f2 2. Ta7‡), wonach 2. Ta7+ bzw. Td1+ erfolgt.

116 1. Tb6:? patt. Um die sD verletzlich zu machen, muß Weiß sie in eine andere Brennpunktstellung zwingen, in der sie den sB nicht mehr blockt: 1. Ta2? Dd4!, 1. Tbc2? De3, Dc6!, 1. Tbe2? Dg1+!; vielmehr **1. Tbd2! Dd4 2. Td4:** b7~ 3. Td1‡ (1. ... Df2 2. Tdf2:+).

117 Der Versuch, den Block schon des Feldes f4 für die sD zur Entfesselung des Tb6 durch 1. Kb8? (droht 2. Tb1‡, 1. ... Db,c2/Df1/Db6:+ 2. Te1+/Te2/Tb6:) zu nutzen, scheitert an 1. ... Dg1!. Nach **1. Te2!** befindet sich die sD in einer brennpunktartigen Stellung (sie deckt a2 und verhindert durch Fesselung des Tb6 dessen Matt auf b1): auf 1. ... Db6:+ geschieht nun (Wechsel der Mattführung gegenüber dem Satz) 2. Kb6:, und mit **1. ... f3** ist eine Vorverlegung des Blockfeldes des sB von f4 nach f3 eingetreten mit der Folge, daß jetzt die Entfesselung des Tb6 durch **2. Ka8** (2. ... ~ / Db6: u.a. 3. Tb1‡/Ta2‡) zum Ziele führt.

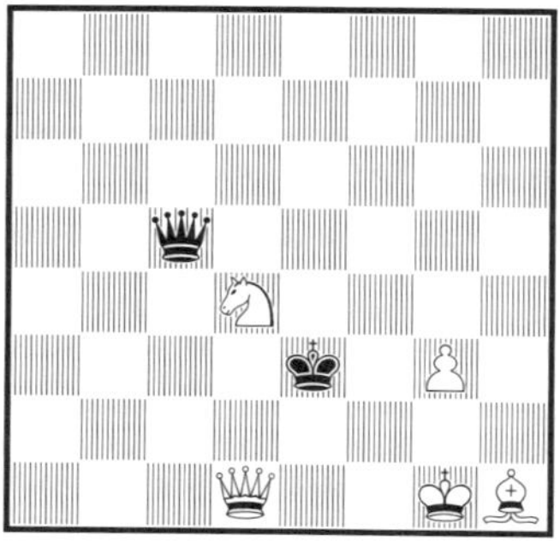

118 H. Herzhauser

Deutsche Schachzeitung, 1980

Matt in 3 Zügen

119 A. Åkerblom

Avesta-Posten, 1930

Matt in 3 Zügen

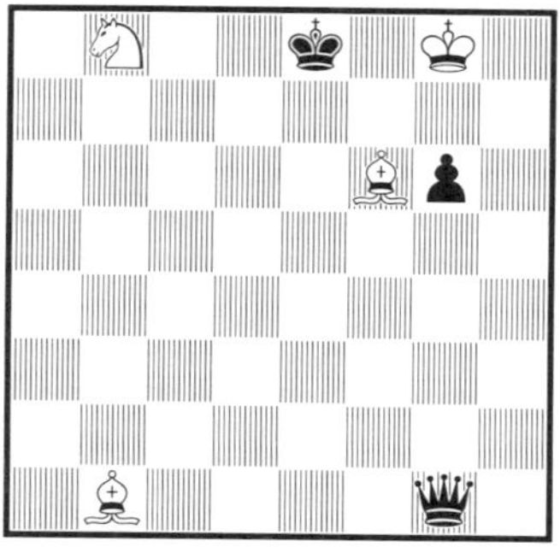

120 F. Palatz

L'Italia Scacchistica, 1936

Matt in 3 Zügen

118 Die Bindung der sD an die Brennpunkte c2/f5 wird perfekt dadurch, daß mit **1. Lf3!** (Zugzwang) gegen 1. ... Dd4: das Blockmatt 2. De2‡ bereitgestellt wird. Der sD verbleibt danach zwar mit c8 ein gleichwertiges Feld für die Deckung der Brennpunkte, nach **1. ... Dc8** trifft aber Weiß mit **2. Ld5!** (Zugzwang: 2. ... D~ 3. Sc2‡, Sf5‡) durch Vorausverstellung ihres Vektors c5–f5 Vorsorge dagegen, daß sie wieder mit Erfolg nach c5 zurückpendeln kann.

119 Nach **1. Kh3!** (Zugzwang) ist die sD in brennpunktartiger Stellung, von ihr können nicht gleichzeitig das Feld g1 und die b-Linie unter Kontrolle gehalten werden: 1. ... c5 2. Tg1+ Db1 3. Dc3‡, 1. ... Dc5 2. Dd1+ Kb2/Dc1 3. Tb3‡/Dc1:‡, 1. ... De3 2. Te3: und 1. ... Db1 2. Dc3+ Db2 3. Tg1‡. Die letzte Variante erweist, weshalb nicht 1. Kh2? erfolgen darf und 1. Td3? sowie 1. Th3? (gegen 1. Tf3? genügt auch 1. ... Db5!) scheitern: nach 1. ... Db1 2. Dc3+ erfolgt darauf 2. ... Db2+ mit Schachgebot, was also der Schlüsselzug gleichzeitig vorsorglich verhindert.

120 1. Lc2? Dg4!; 1. Ld3? Dg5! (2. Lg5: patt); **1. Le4!** Dg2 2. Lg2: g5 3. Lc6‡: Der wL kann die sD in drei analoge Brennpunktstellungen zwingen; nur eine führt zum Ziel, weil hier die sD vom Läufer geschlagen werden kann.

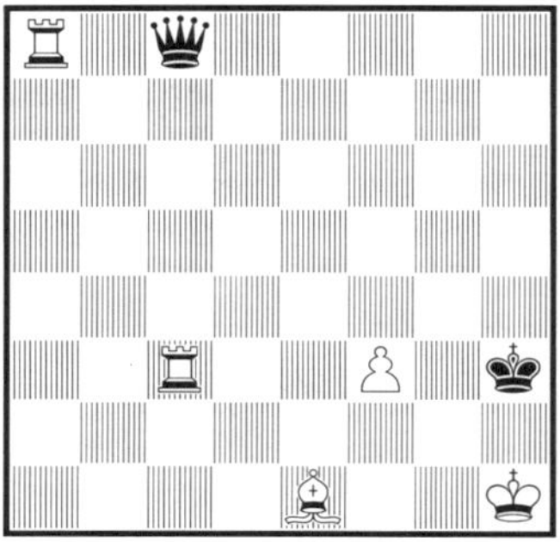

121 W. Speckmann

III. FIDE-Turnier 1960/61

2. Lob

Matt in 3 Zügen

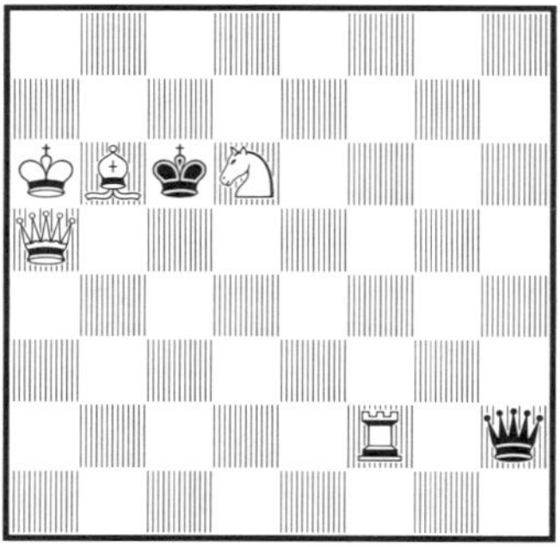

122 C.S. Kipping

Daily Telegraph, 1910

Matt in 3 Zügen

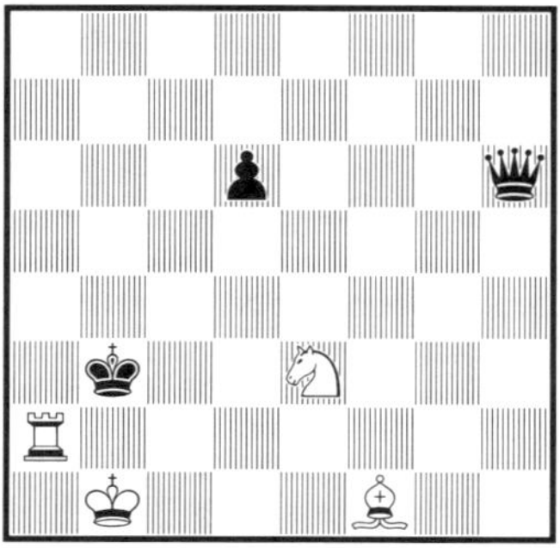

123 J. Keeble

in: Wallis, 777 Chess Miniatures in Three; 1908

Matt in 3 Zügen

121 1. Tc2? Db8!, 1. Tc5? De8!, 1. Tc6? Df8!, 1. Tc7? Dg8!, jedesmal rettet die sD die Situation durch Einnahme einer brennpunktartigen Stellung, aus der heraus sie weitere Angriffe (bei 1. Tc5,6,7? namentlich durch 2. Ta2) hinreichend parieren kann; allein nach **1. Tc4! Dd8** ist sie nach **2. Ta2** nicht in der Lage, 3. Th2‡ zu verhindern, ohne 3. Th4‡ zuzulassen. – Pikant sind die korrespondierenden Züge von wT und sD (Tc2,4,5,6,7 Db,d,e,f,g8) in Verführung und Lösung.

122 **1. Sc4!** (droht 2. Db5‡, 1. ... Kd7 2. Df5+ Ke~ 3. Df7‡) **De5 2. Td2!**. Jetzt droht, allerdings unausführbar, 3. Se5:‡, was die sD durch jeden Wegzug verhindert, wobei ihr die für sie auf dem Brett höchstmögliche Anzahl von 27 Feldern offensteht; dabei gibt sie (abgesehen von der Variante 2. ... Da5:+ 3. Sa5:‡) jedesmal die Deckung von mindestens einem der von ihr zu kontrollierenden Brennpunkte b5,c5,d5,d6 auf. Nebenspiel: 1. ... Dh5 2. Td2 (droht jetzt 3. Td6‡) De5/Da5:+ 3. Se5:‡/Sa5:‡.

123 **1. Sc2!** (droht 2. Ta3‡): 1. ... Kc3 2. Ta3+ Kd2 3. Td3‡ und 1. ... Dc1+ 2. Kc1: Kc3 (droht)/Ka2: 3. Ta3‡/ Lc4‡. Recht witzig, wie die sD durch ihr „verzweifeltes" Weglenkungsopfer dem wT die Deckung entzieht; anstelle der sD würde auch ein sL genügen, doch ist das Opfer der Dame weit effektvoller.

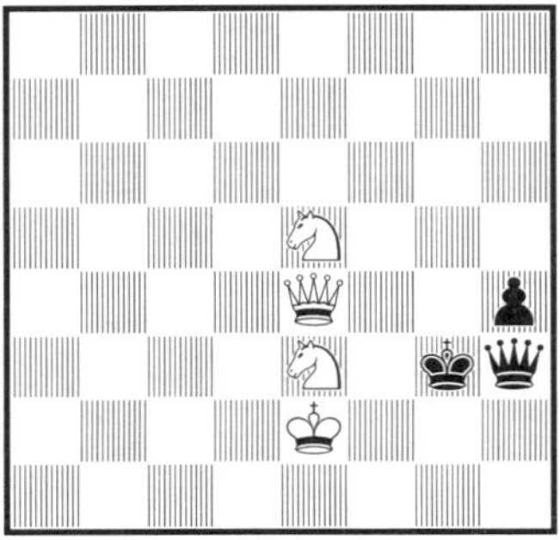

124 **A.W. Daniel**

in: Wallis, 777 Chess Miniatures in Three; 1908

Matt in 3 Zügen

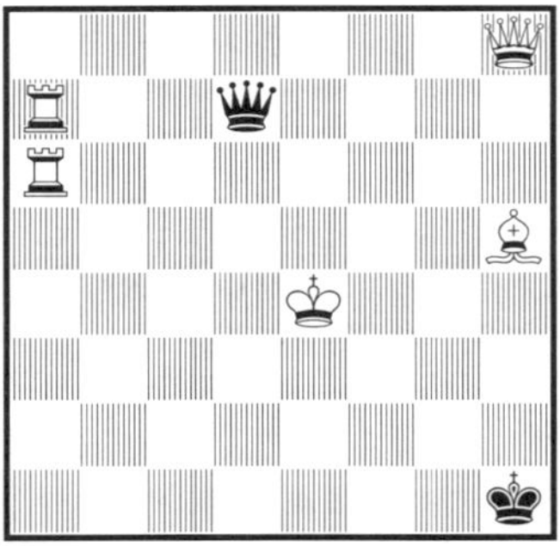

125 **C.S. Kipping**

The Problemist, 1953

Matt in 3 Zügen

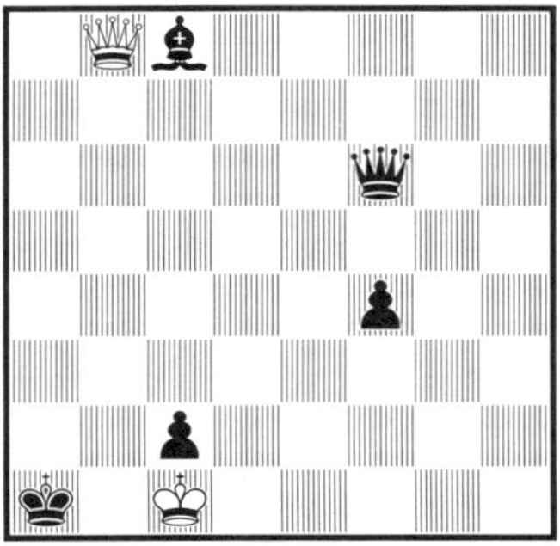

126 **A. Kraemer**

Hamburger Problemnachrichten, 1950

Matt in 3 Zügen

124 Nach **1. S5g4!** werden die an sich gegebenen sofortigen Mattdrohungen 2. Df3‡, De5‡ und Sf5‡ durch jeden der fünf Züge der sD pariert, davon vier mit Schachgebot: 1. ... Dg4:+ 2. Dg4:+ Kh2 3. Dg2‡, 1. ... Df1+ 2. Sf1:+ Kh3 3. Df3‡ oder Sf2‡, 1. ... Dg2+ 2. Sg2: ~ 3. Df3‡, 1. ... Dh2+ 2. Sh2: Kh2:/h3 3. Dg2‡/Sf1‡ und 1. ... Dh1 2. De5+ Kh3 3. Sf2‡. Es ergeben sich – bei diesem „Gedränge" unvermeidlich – einige Mattduale.

125 **1. Db2!** (droht 2. Lf3+ und 2. Ta1+, auch 2. T:D): die sD hat zwölf Schachgebote – auf die sie hier, jeweils mit Matt im nächsten Zuge, geschlagen wird – zur Verfügung: es ist dies der Rekord, welcher nur bei der vorliegenden Stellung der sD im Verhältnis zum wK (Koordinaten 1:3, bei 1:2 ergeben sich maximal lediglich 10 Schachgebote, s. Nr. 87) sowie der Aufstellung beider Figuren auf den beiden Mittellinien und dabei nicht auf einer Randlinie erreichbar ist.

Die gleichzeitige (kombinierte) Höchstleistung in beiderlei Hinsicht, also zugleich 27 Felder und 12 Schachgebote der sD, ist jedenfalls in der Miniatur noch nicht dargestellt, das würde außerdem eine Aufstellung der sD auf einem der vier Mittelfelder (etwa Dd5/Ke2) erfordern. Die bisherigen Rekorde sind hier einerseits 27 Felder bei 10 Schachgeboten (Nr. 87) und andererseits 12 Schachgebote bei 23 Feldern der sD (vorliegende Aufgabe).

126 **1. Db5!** (droht 2. Da~‡) **Le6 2. Da6+** La2 3. Df6:‡. Hinlenkung des sL zur (Grimshaw-)Verstellung der sD, was Weiß durch Schachgebot auf der verstellten Linie ausnutzt, um nach der damit bewirkten Weglenkung des verstellenden Steines den verstellten Stein mit Matt zu schlagen (=Richtpunkt); zweckrein ist die Darstellung nicht, dafür müßte als Probespiel der nur an 1. ... Da6: scheiternde Versuch 1. Da6+? vorhanden sein. – Die Aufgabe ist ein sog. Minimalproblem (Weiß hat neben dem König nur einen Stein).

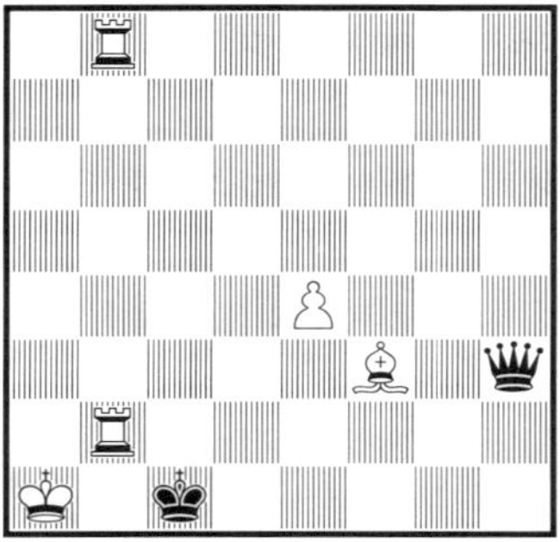

127 K. Renner

Deutsche Schachblätter, 1938

Matt in 3 Zügen

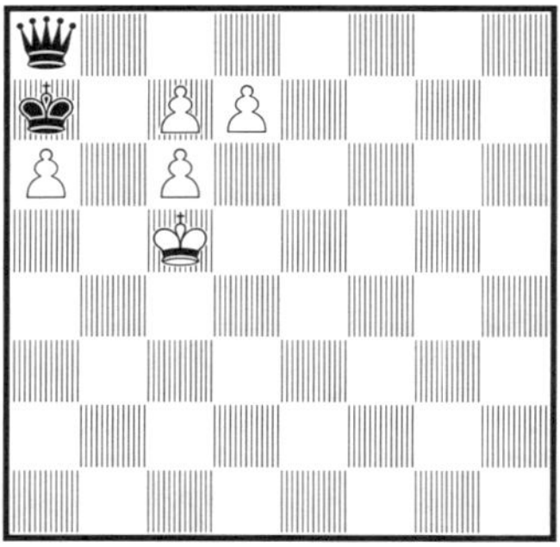

128 W. Speckmann

Deutsche Schachzeitung, 1979

Matt in 3 Zügen

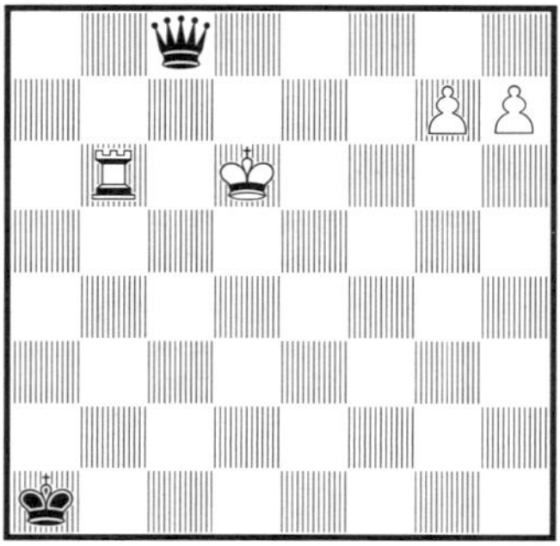

129 A. Kraemer

Die Schwalbe, 1963

Matt in 3 Zügen

127 1. Tf(a)2? (droht 2. Tb1‡) Dh8+! 2. Th8: patt; deshalb **1. Te2!** Dh8+ 2. Th8: Kd1 3. Th1‡: die Räumung der b-Linie für den Tb8 durch den Tb2 muß zwecks Pattvermeidung unter gleichzeitiger vorsorglicher (Cheney-)Verstellung des Läufers erfolgen.

128 1. c8D? (1. ... Dc6:+/Dc8: 2. Dc6:/dcT) scheitert an 1. ... Db8!. 1. d8D? ergibt nach 1. ... Dc8! 2. Dc8: patt. Letzteres begründet den pattvermeidenden Schlüsselzug **1. d8T!** (Zugzwang) mit den Abspielen 1. ... Dc8 2. Tc8: Ka6: 3. Ta8‡, 1. ... Dc6:+ 2. Kc6: Ka6: 3. Ta8‡ und 1. ... Db7 2. ab Ka6 3. Ta8‡ (1. ... Dd8:/Db8 2. cdD,T/cbD,T oder Tb8:). Die Verführung 1. c8D? eingeschlossen erfolgen zwei Turmumwandlungen. – Weiß hat neben dem König nur Bauern auf dem Brett, die mit der stärksten Figur des Gegners fertig werden müssen: „Gulliver im Lande Liliput".

129 1. h8D? Dg8! 2. Dg8: patt, 1. h8T? (1. ... Dg8 2. Tg8: Ka2 3. Ta8‡) Da6 u.a., 1. g8D? D+ (außer auf der 8. Reihe und auf e6) 2. K:D patt; daher **1. g8T!** droht 2. T:D und 2. h8D+, 1. ... D+ 2. K bzw. T:D) **Dg8: 2. hgT** Ka2 3. Ta8‡: zwei aufeinanderfolgende Turmumwandlungen.

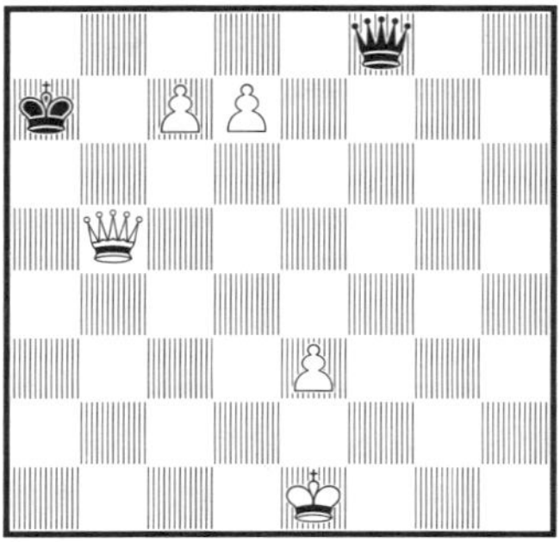

130 W. Speckmann

Schach, 1968

Matt in 3 Zügen

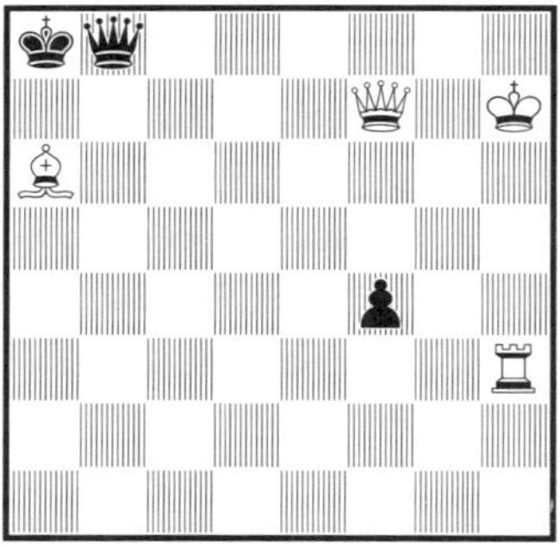

131 H. Fröberg

Schach-Echo, 1958

Matt in 3 Zügen

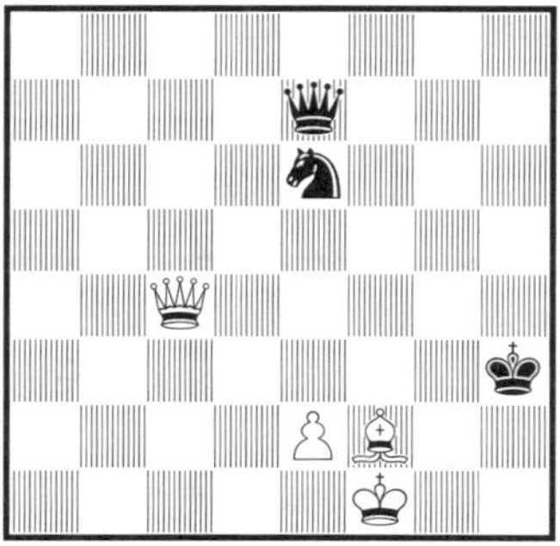

132 F. Karge

Stern, 1986

Version

Matt in 3 Zügen

130 Es scheitern: 1. c8D? (Dc8:? 2. dcL) und 1. d8D? (Dd8:? 2. cdS) an 1. ... Df1,2+! (2. K:D patt), 1. c8L? (Dc8:? 2. dcL) an 1. ... Df3! und 1. d8S? (Dd8:? 2. d8S) an 1. ... Db4+! 2. Db4: Ka6!; zum Ziel führt **1. c8S+!** mit den Abspielen 1. ... Dc8: 2. dcL Ka8 3. Db7‡ bzw. 1. ... Ka8 2. Da6+ Kb8 3. Da7‡ (beides Modellmatts). In Verführungen und Lösung kommt es, jeweils auf demselben Feld, fünfmal zu zwei Umwandlungen nacheinander, und zwar in D+L, D+S, L+L, S+S und S+L.

131 **1. Tb3!** (droht 2. T:D+, 1. ... D~ 2. Db7‡ bzw. 2. K,D,T,L:D) Da7 2. Lb7+ Kb8 3. Df4:‡, ein Modellmatt mit blockender sD. – 1. Ta3? (droht 2. Lb7‡, 1. ... D~ 2. Lb7+ Kb8 3. Ta8‡) Db1+! 2. Ld3+ Kb8 3. ?.

132 **1. De4!** (droht 2. Dg2‡ und Df3+) **Dg5 2. Dh1+** Kg4 3. Df3‡. Die sD bewirkt einen Fernblock für den sK und ermöglicht so ein überraschendes Matt; ferner 1. ... Sf4 2. Df3+ Kh2 3. Lg1‡.

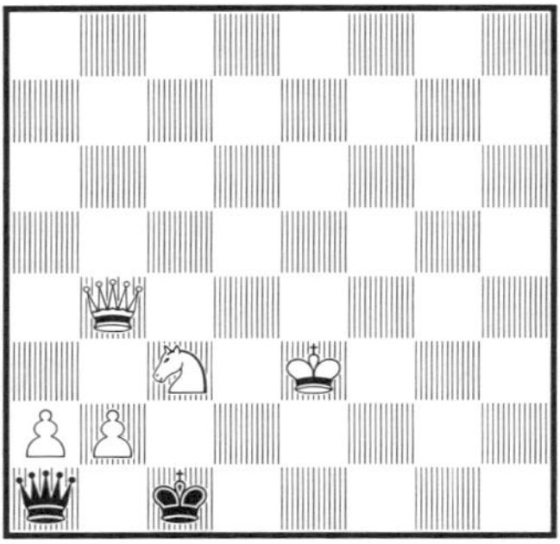

133 R. Cheney

Die Schwalbe, 1960

Matt in 3 Zügen

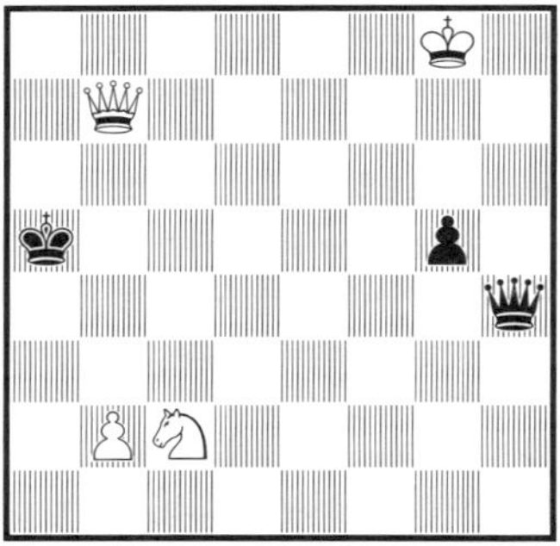

134 F. Hladik

Svenska Dagbladet, 1929

3. ehrende Erwähnung (Miniaturenturnier)

Matt in 3 Zügen

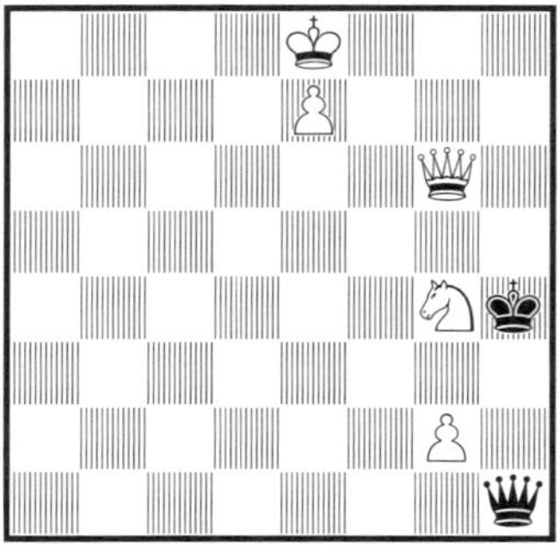

135 K. Junker

Die Schwalbe, 1961

Matt in 3 Zügen

133 **1. Sa4!** droht, Kc2 2. Dd2+ Kb1 3. Sc3‡; 1. ... Da2: 2. Dd2+ Kb1 3. Dd1‡; 1. ... Kb1 2. Kd3 (Zugzwang) Kc1, Da2:/Ka2:/Db2: 3. De1‡/Sc3‡/Db2:‡ (1. ... Db2: 2. Db2:+ Kd1 3. Db1, Dd2‡). Es kommt zu drei Modellmatts mit blockender sD; die Parade 1. ... Da2: zeigt einen (Fern-) Blockwechsel der sD.

134 **1. Sa3!** (droht 2. Db5‡): 1. ... Dc4+ 2. Sc4:+ Ka4 3. b3‡, 1. ... Dh7,8+ 2. K:D g4, Ka4 3. Db5‡ und 1. ... Da4 2. b4+ Db4: 3. Da7‡ (die sD blockt zweimal hintereinander): vier Modellmatts, das letzte mit blockender sD.

135 **1. Se3!** (droht 2. Dg4‡ und 2. Sf5‡) ergibt in den Varianten 1. ... Dg2: 2. Sf5+ Kh3 3. Dh5‡ und 1. ... Dh3 2. g3+ Dg3: 3. Dh6‡ zwei (allerdings nicht ganz einander entsprechende) Echomatts mit auf g2 und g3 blockender sD.

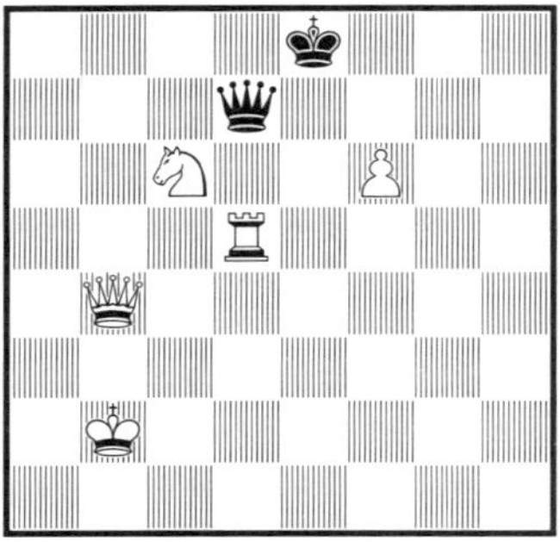

136 W. Antipow

Magadanskaja Prawda, 1986

2. Preis (Miniaturenturnier)

Matt in 3 Zügen

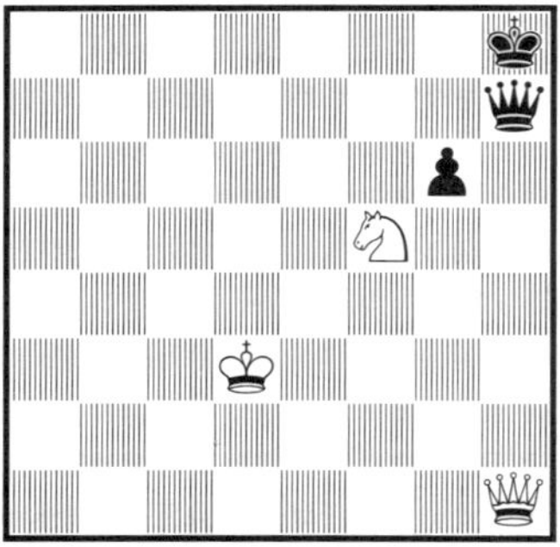

137 J. Mortensen

Herning Folkeblad, 1950

Matt in 3 Zügen

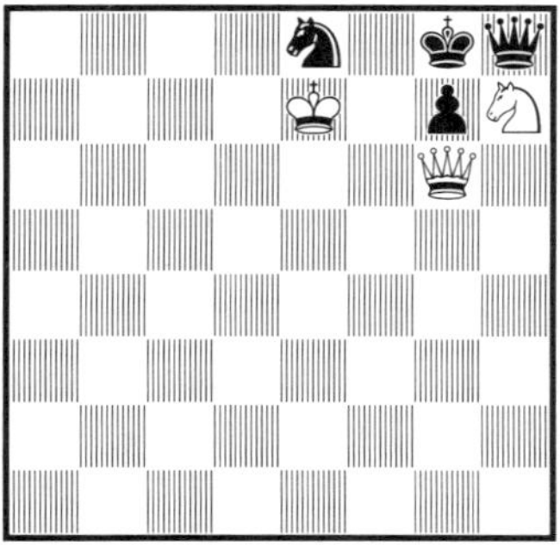

138 E. Grunenwald

Nationalzeitung Basel, 1956

Matt in 3 Zügen

136 **1. Se5!** (droht 2. Db8+): **1. ... Da7** (entzieht dem Feld d8 die Deckung) **2. Df8+** Kf8: 3. Td8‡, **1. ... Dc7** (bewirkt einen Fernblock für den sK) **2. Td8+** Kd8:/Dd8: 3. Df8‡/f7‡. Damen- und (doppeltes) Turmopfer, wobei das Opferfeld der Dame in der einen Variante zum Mattfeld des Turms in der anderen wird und umgekehrt; dabei jeweils ein Modellmatt.

Das Turnier verlangte drei- und vierzügige Miniaturen mit der sD.

137 1. Da1+? Kg8!; **1. Da8+!** Dg8 (Blocklenkung der sD) 2. Da1+ Kh7 (Dg7) 3. Dh1‡ (Dg7:‡) – die wD beschreibt, unter Betreten von drei Eckfeldern, den größtmöglichen Dreiecks-Rundlauf.

138 Zugwechsel – ein „Pseudo-Zweizüger" mit den Satzmatts 1. ... Dh7:/S~ 2. De8:‡/Sf6‡. Mangels eines Wartezuges geschieht **1. Kd7!** (Zugzwang), wonach sich auf die Züge des Se8 die Mattführung gegenüber dem Satz um einen Zug verlängert: 1. ... Sf6+ 2. Sf6:+ Kf8 3. De8‡ und 1. ... Sc7, Sd6 2. K:S Dh7: 3. De8‡ (Blockmatt). – 1. Sg5? Dh5! (deshalb würde ein sT auf h8 nicht genügen).

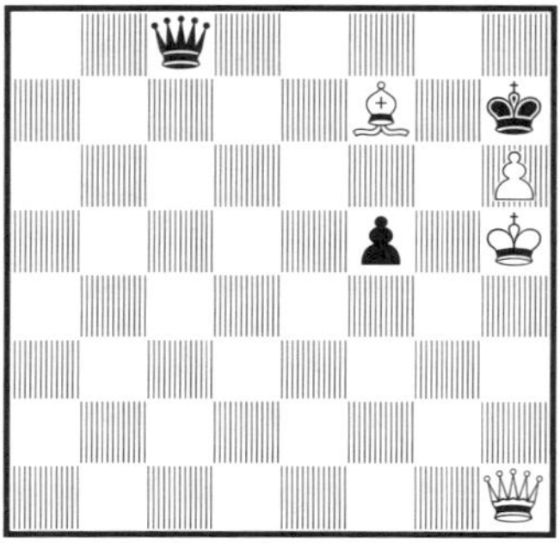

139 **A.F. Argüelles**

Hamburgischer Correspondent, 1932

Matt in 3 Zügen

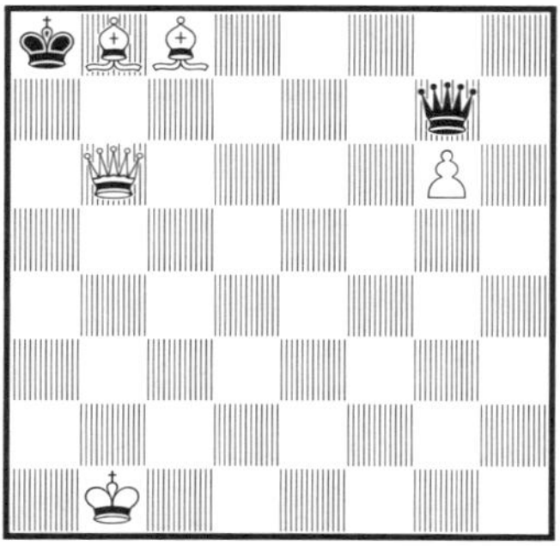

140 **W. Speckmann**

Göttinger Tageblatt, 1972

Matt in 3 Zügen

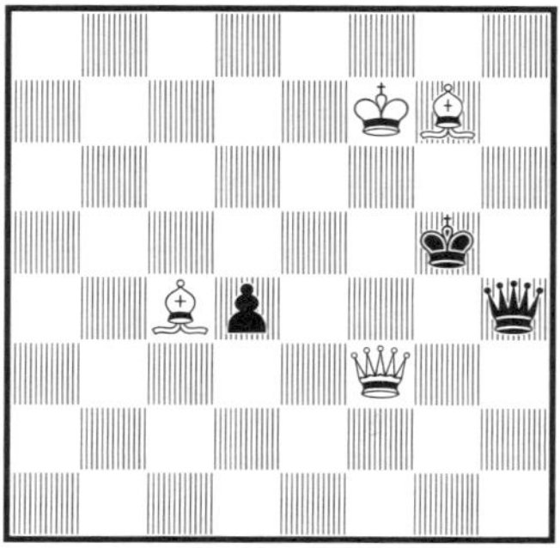

141 **E.B. Cook**

American Chess Nuts, 1868

Matt in 3 Zügen

139 **1. Da1!** (droht 2. Dg7‡, 1. ... Dg8 2. Lg8:+ Kg8: 3. Dg7‡ sowie – mit Fernblock der sD für den sK – 1. ... Df8 2. Lg6+ Kg8 3. h7‡, Modellmatt) **Dh8 2. Lg6+** Kg8 3. Da8‡. Es liegt hier eine logische Vorbereitungskombination vor: das Probespiel (der sofort ausgeführte Hauptplan) 1. Lg6+? K~8 2. Da8 scheitert daran, daß die sD noch diesseits des Feldes g8 (antikritisch) steht; deshalb wird sie zunächst mittels des Vorplans (1. ... Dh8) kritisch über den Schnittpunkt gelenkt (D-K-Grimshaw-Kritikus), worauf der Hauptplan zum Ziele führt.

140 Nach **1. Le5!** (droht 2. Db8‡, 1. ... De5: 2. Db7‡) ergeben sich auf **1. ... Dc7 2. Da6+** mit 2. ... Da7/Kb8 3. Lb7‡/Db7‡ zwei Modellmatts mit gefesselter sD; ferner 1. ... Da7 2. Dc6+ Db7 3. Db7:‡ und 1. ... Dg6:+ 2. Dg6: Ka7 3. Da6‡. – 1. Ld6...? Db2+? 2. Db2: Ka7 3. Db7‡, aber 1. ... Da1+! 2. Ka1: patt (deshalb muß der Lb8 im Schlüsselzug der sD die Diagonale verstellen).

141 **1. Le2!** (droht 2. Df6‡) Df4+ 2. Lf6+ Kf5 (Df6:+/Kh6) 3. Ld3‡ (Df6:‡/ Dh5‡), Kreuzschach mit anschließendem Fesselungsmatt; ferner 1. ... Dh5+ 2. Dh5:+ Kf4 3. De5‡ (Modellmatt).

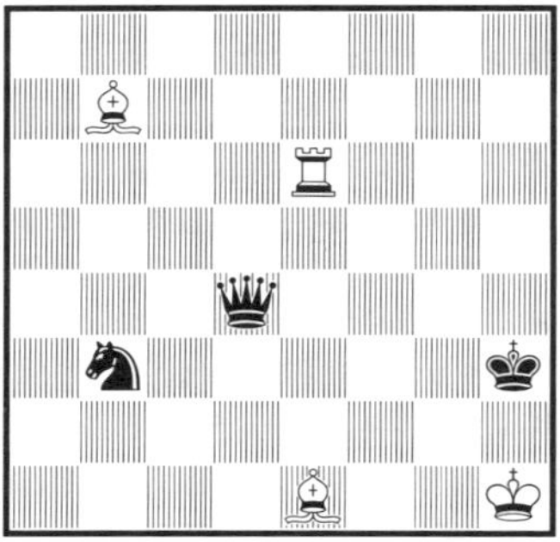

142 **C.S. Kipping**

vor 1930

Matt in 3 Zügen

143 **W. Pflughaupt**

Schach-Express, 1949

Matt in 3 Zügen

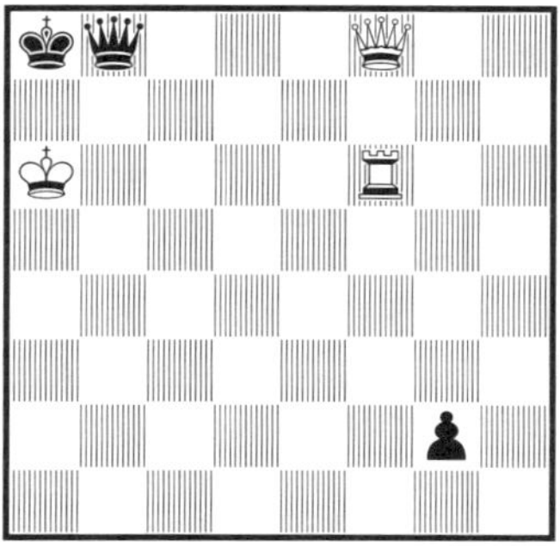

144 **A. Renn**

Jubiläumsturnier Schachverein Würzburg 1965/66

Matt in 3 Zügen

142 **1. Tg6!** (droht 2. Lg2‡ und Lc8+, 1. ... D+ 2. K,L:D) **Dg4 2. Th6+** Dh5 3. Lc8‡, ein Modellmatt mit gefesselter sD. Es liegt hier eine logische Vorbereitungskombination vor: der sofort ausgeführte Hauptplan 1. Th6+? scheitert an 1. ... Kg4; durch den die Hinlenkung der sD zum Block von g4 bewirkenden Vorplan wird der ursprüngliche Verteidiger (der sK) aus- und zugleich die hingelenkte Figur (die sD) als neuer Verteidiger gegen den Hauptplan eingeschaltet – ein sog. „Dresdner" von einfachster Art (und nur unter diesem Gesichtspunkt ist die Aufgabe hier von Interesse).

143 Zugwechsel, ein „Pseudozweizüger" mit dem Satz 1. ... Da6:/D~ 2. Ta6:‡/D:D‡. Mangels eines Wartezuges geschieht **1. Th6!** mit der neuen Mattführung 1. ... g7~ 2. Df6+ Db2+ 3. Db2:‡. Der Schlüsselzug wird dadurch bestimmt, daß der wT eine Verbahnung der wD vermeiden muß: 1. Te6 u.a. ? g7~!, und 2. Df6 ist nicht möglich . – Mit einem sT auf a2 ginge auch 1. Dd3.

144 Sofort 1. Tf7? (droht 2. Ta7‡) scheitert an 1. ... g1D!. Deshalb wird mit **1. Tf2!** (bewirkt eine Bahnung für die Dame und droht so 2. Df3+) **g1S** als Vorplan zunächst die Umwandlung des sB in einen Springer erzwungen, wonach der Hauptplan **2. Tf7** droht/D~ 3. Ta7‡/D bzw. T:D‡ ungestört durchgeführt werden kann. Eine „Holstumwandlung".

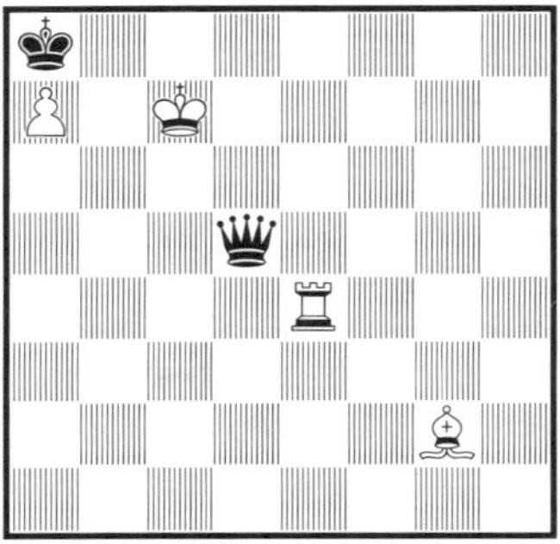

145 J. Öhquist

in: Öhquist, Schachaufgaben; 1932

Matt in 3 Zügen

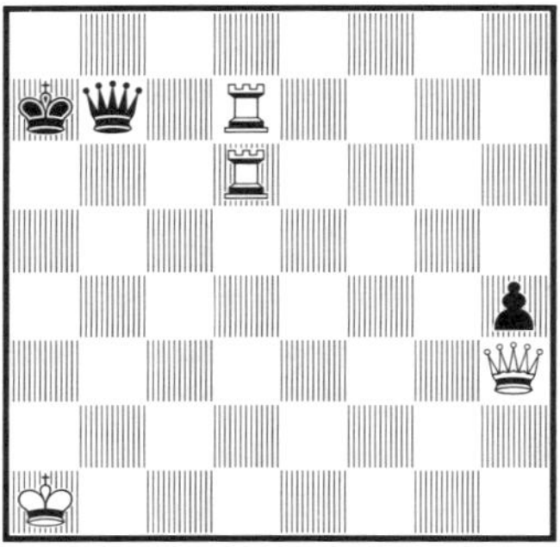

146 N. Rutberg

Nya Daglight Allehanda, 1923

Matt in 3 Zügen

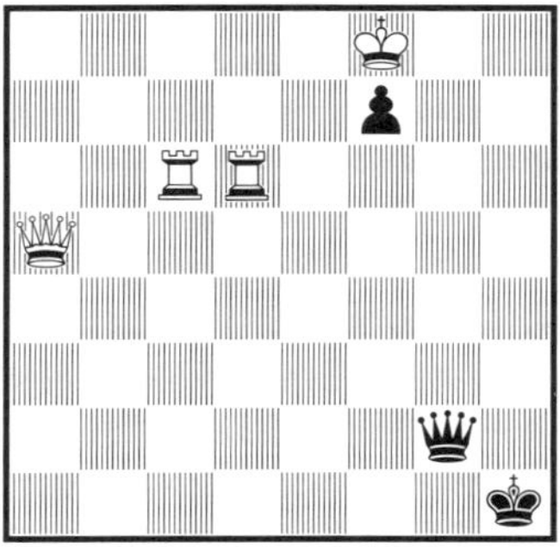

147 E. Palkoska

Narodni Politika, 1924

Matt in 3 Zügen

145 **1. Tg4!** (droht, D~ 2. L:D+, auf 1. ... Ka7: folgt 2. Ta4+ Da5 3. Ta5:‡) Dg2: 2. Tg2: Ka7: 3. Ta2‡; Fesselung der sD mit Schlagangriff auf sie unter Deckung des wL, wobei eine Auswahl besteht: das im übrigen gleichwertige 1. Te2? verbietet sich, weil nach 1. ... Ka7: die sD das nun vom wT benötigte Feld a2 deckt.

146 **1. Tf6!** Zugzwang (1. ... Dc7/Dd7: 2. Tc7:+/Dd7:+). In den beiden Hauptvarianten **1. ... Ka8 2. Dg2!** droht/Dg2: (D~) 3. Db7:‡/Tf8‡ und **1. ... Kb8 2. Db3!** droht/Db3: (D~) 3. Db7:‡/ Tf8‡ wird die von Schwarz entfesselte sD durch die wD – je einmal diagonal und orthogonal – mit Schlagangriff erneut aus anderer Richtung gefesselt: ihr Wegzug bewirkt jeweils eine Linienöffnung. 1. Tg,h6? verbieten sich, weil nach 1. ... K~ 2. ... D:D auf 3. T8+ die sD nach g8 gelangen kann, und 1. Te6? (Dd7:!) scheitert an weißer Selbstbehinderung. S. auch Nr. 147 und 84.

147 **1. Td2!** mit der Drohung (1. ... Dd2: 2. Dd2: ...) **2. Dd5!** droht/Dd5: (D~) 3. Dg2:‡/Tc1‡ und den weiteren Varianten **1. ... Kg1 2. Dg5!** droht/Dg5: (D~) 3. Dg2:‡/Tc1‡ sowie **1. ... Kh2 2. Dg5** droht/Dd2: (D~) 3. Dg2:‡/Th6:‡. Zu den beiden Fesselungen der sD durch die wD der Nr. 146 kommt hier eine dritte durch schwarze Selbstfesselung mit dem wT als fesselnden Stein hinzu – die sD wird damit aus allen drei möglichen Richtungen gefesselt. Durch seine Stellung auf d2 verstellt der wT nach 2. ... Dg5: und durch ihre Stellung auf g5 verstellt die wD nach 2. ... Dd2: der sD den Weg nach c1 bzw. h6, was die Matts ermöglicht.

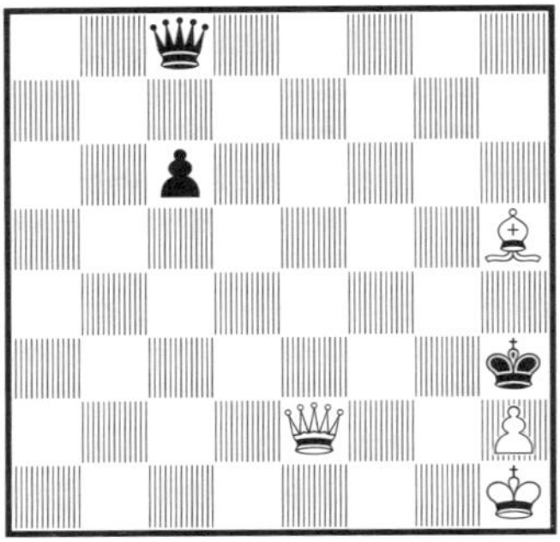

148 **E. Palkoska**

Narodni Politika, 1910

Matt in 3 Zügen

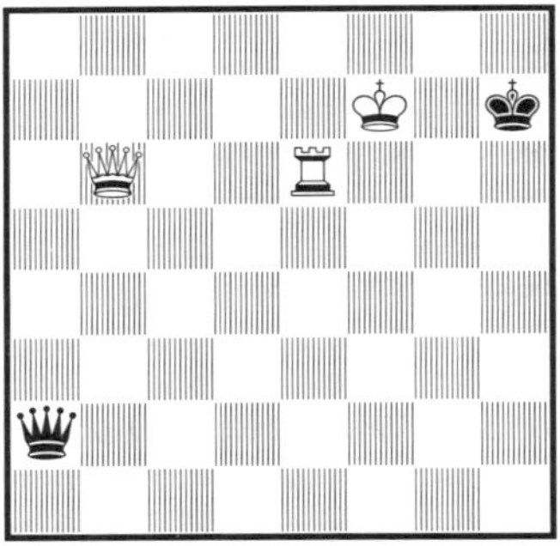

149 **Unbekannter Verfasser**

Brownsons Chess Journal, 1891

Matt in 3 Zügen

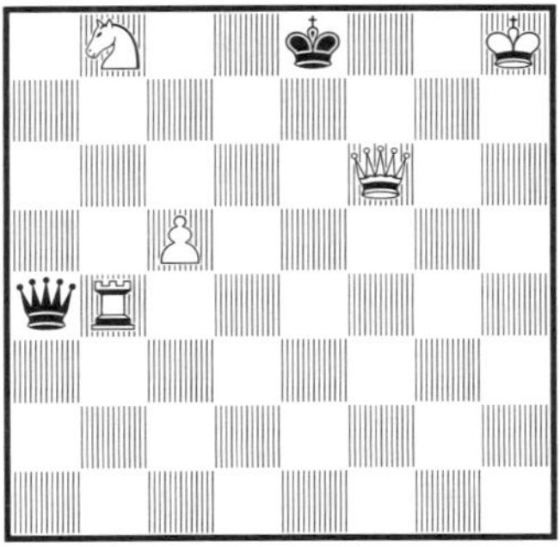

150 **W. Pypa**

The Problemist, 1987

Matt in 3 Zügen

148 **1. Lf7!** (droht 2. Dh5‡ und – auf 1. ... Df5 – 2. Dg2+ Kh4 3. Dg3‡) **Dg4 2. Le6!** (droht 3. Dg4‡) De6: (Df5) 3. Dh5‡. Die sD wird durch ihre Fesselung genötigt, das Drohfeld h5 wieder freizugeben, wobei sie für den Fall, daß sie den fesselnden Stein schlägt, weit genug zurückgelenkt worden sein muß; daher genügt nicht 1. Lg6? (1. ... Dg4 2. Lf5 Df5: 3. Dh5+?).

149 **1. De3!** (droht 2. Dh3, Dh6‡) Da7+, Df2+, De6:+ 2. D:D – wie in der Anfangsstellung kontrolliert auch nach dem Schlüsselzug die wD die drei Felder, auf denen die sD schachbieten kann; ferner 1. ... Dh2 2. Dd3,e4+ Kh8 3. Te8‡, mit Entfesselung des wT.

150 **1. Tf4!** (droht 2. Df8‡): **1. ... Df4: 2. De6+** Kf8/Kd8 3. Sd7‡/Dd7‡, **1. ... Dd4 2. Dd4:** Ke7 3. Dd7‡. In der ersten Variante ergeben sich zwei Modellmatts, in der zweiten führt das Schlagen der sD durch die sie fesselnde wD zu einem weiteren Mattbild. Übrigens ist dies zugleich eine – einfache – logische Vorbereitungskombination: 1. De6+? als Hauptplan scheitert noch an der Deckung von d7 durch die sD, die deshalb durch den Vorplan (1. Tf4) Df4: von diesem Feld weggelenkt wird. 1. c6? (droht/Da1 u.a. 2. De6+/ Te4+) Dc6:!.

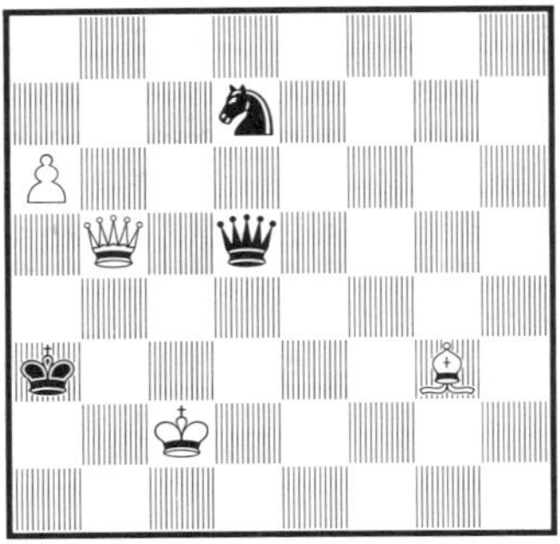

151 **W. Speckmann**

Die Schwalbe, 1972 (Verb.)

Matt in 3 Zügen

152 **O. Nemo**

Hamburgischer Correspondent, 1933

Matt in 3 Zügen

153 **H. Lehner (?)**

vor 1906

Matt in 4 Zügen

151 **1. Ld6+!** (1. ... Sc5/Ka2 2. Da5‡/Db2‡) **Dc5+ 2. Dc4!** (2. Kb1? Db4+? 3. Db4:‡, 2. ... Dd6:!) Zugzwang: 2. ... Db4, Dd6:/S~ 3. Db3‡/Lc5:‡ – auf schwarzes Kreuzschach Selbstfesselung der wD durch ihren eigenen Zug gefolgt von ihrer direkten Entfesselung durch die sD und auf 2. ... Db4 dann Matt mit gefesselter sD. Gegenüber 2. Kb1? ergibt sich auf 2. ... Db4(+) ein Mattwechsel. – Das ebenfalls sehr partiegemäße 1. Dd5:? scheitert: 1. ... Kb4/Sc5 2. Le1+/Dc4, aber 1. ... Ka4! 2. Le1 Sc5!.

152 **1. f7!** (droht 2. f8D+ Ka7 3. Dfb8‡) **Da7+ 2. Dc5!** (droht 3. f8D‡ und 3. Da7:‡) b6 3. Dc8‡. Auf das schwarze Schachgebot folgt eine Selbstfesselung der wD mit ihrer anschließenden indirekten Entfesselung durch Verstellung der Fesselungslinie seitens Schwarz nebst Modellmatt mit gefesselter sD.

153 **1. Dc4+!** Ka7 2. Df7+ Dc7+ 3. Dc7:+ Ka8/Ka6 4. Db7‡/Db6‡.
Putzige Anfangsstellung, zum Schluß ergeben sich die beiden typischen symmetrischen dreisteinigen Damenmatts. Die Aufgabe ist ohne Verfassername in einem Aufsatz enthalten, der im Jahre 1906 durch die „Wiener Schachzeitung“ aus einem älteren Jahrgang der von H. Lehner redigierten „Lesehalle“ nachgedruckt wurde. – S. auch Nr. 171.

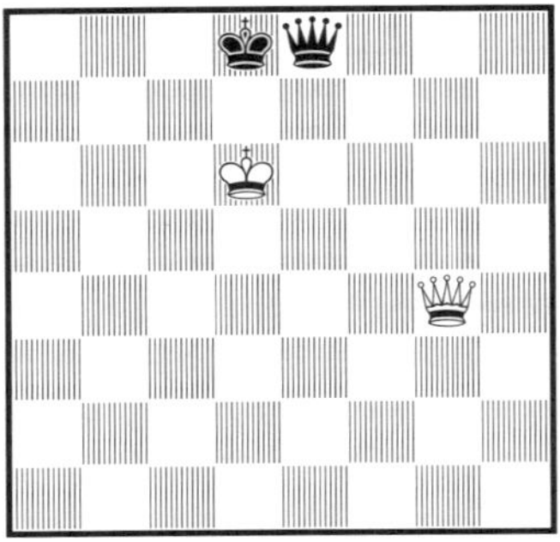

154 O. Dehler

Schach-Echo, 1937

Matt in 4 Zügen

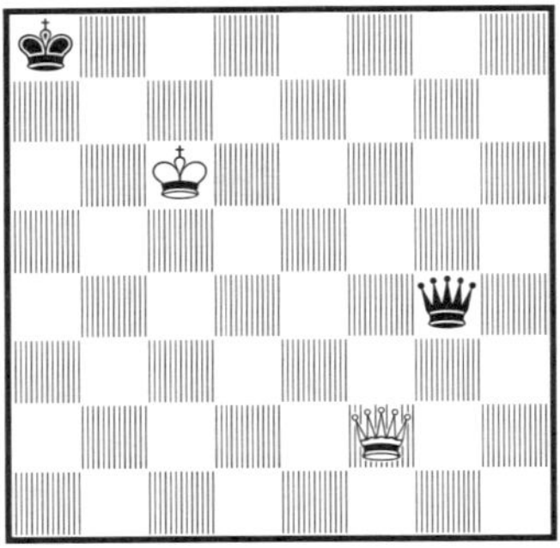

155 O. Dehler

Schach-Echo, 1937

Matt in 4 Zügen

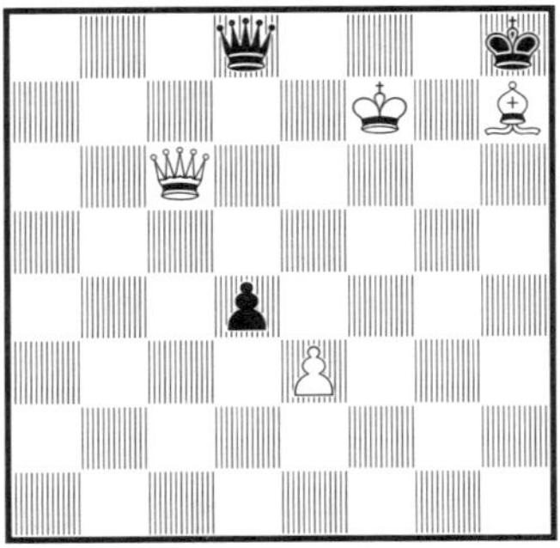

156 A. Woronow

Rochade, 1981

1. Preis (Miniaturenturnier)

Matt in 4 Zügen

154 **1. Dg7!** Dg6+ (um wenigstens in Schönheit zu sterben) 2. Dg6: Kc8 3. Db1 Kd8 4. Db8‡. Die einzig mögliche Mattführung im D/D-Viersteiner mit stillem Schlüsselzug, als Abschluß ein hübsches weiträumiges Manöver der wD.

Erwähnenswert ist noch, als zuglängster Viersteiner mit weißer und schwarzer Dame: W. Speckmann (Mattaufgaben mit drei und vier Steinen, 1979) Kg5 Dg2 – Kg8 De1, 6‡, 1. Kf6+ Kf8 2. Da8+ De8 3. Da3+ Kg8 4. Dg3+ Dg6+ 5. Dg6:+ Kf8/Kh8 6. Df7/Dg7‡.

155 1. Df8+? Ka7 2. De(f)7+ Dd7+! 3. Dd7:+ Ka6! – das scheitert also wegen der weißen Selbstbehinderung, die die sD durch ihr Opfer im richtigen Augenblick erzwingt. Daher andersrum, wobei dies vermieden wird: **1. Da2+!** Kb8 2. Db2+! (2. Db3,1+? Kc8!) Db4 (2. ... Kc8 3. Dh8+ Dg8 4. Dg8:‡) 3. Db4:+ Kc8/K~ 4. Df8‡/Db7‡.

156 Nach **1. Db7!** ist Schwarz in Zugzwang. Beliebige Wegzüge der sD von der 8. Reihe ermöglichen 2. D8+ Kh7: 3. Dg8+ Kh6 4. Dg6‡. Um hiergegen Vorsorge zu treffen, bleiben ihr nur zwei Züge: **1. ... Dg5 2. Lg6!** bzw. **1. ... Dd6 2. Lf5!**, worauf das Matt im 4. Zuge nicht mehr zu verhindern ist. Interessant, wie in diesem Duell der vom wL unterstützten wD die sD mit den beiden ersten Zügen in zwei Varianten auf „geräuschlose“ Weise ausgetrickst wird! – 1. Kg6? (Df8? 2. Dd7!) Dg5+!.

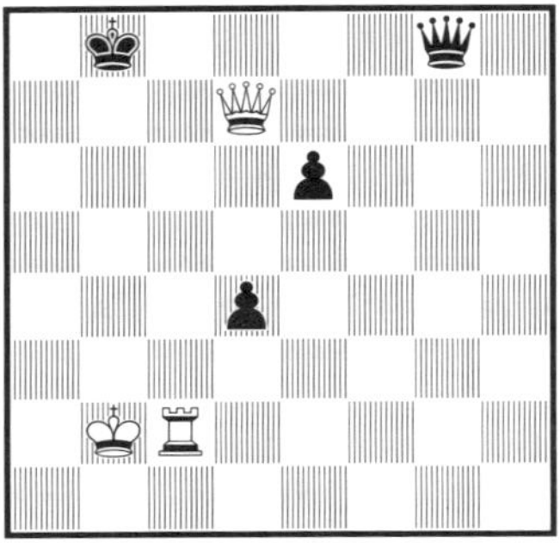

157 **C. Schrader**
Die Schwalbe, 1950

Matt in 4 Zügen

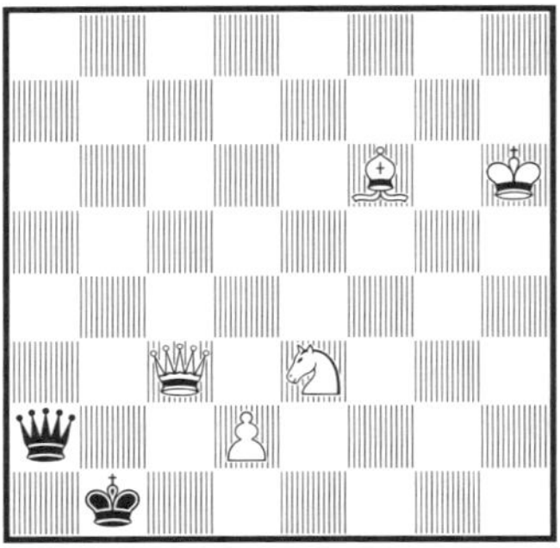

158 **H. Lies**
Die Schwalbe, 1937

Matt in 4 Zügen

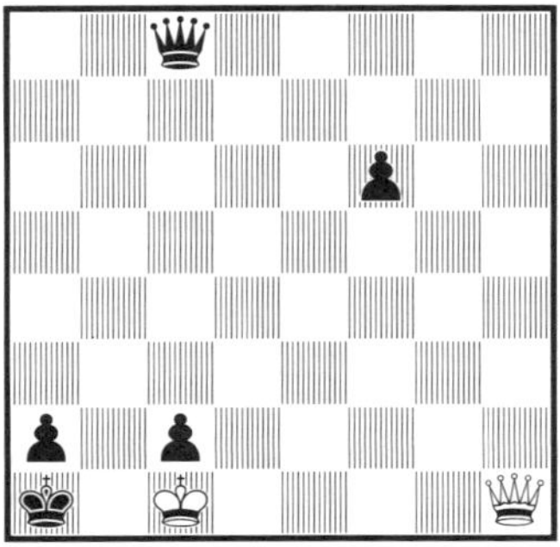

159 **L.I. Kubbel**
1940

Matt in 4 Zügen

157 Weiß muß mit dem Turm zu einem Schachgebot auf der b-Linie kommen. Züge des wT nach c5 oder c6 scheitern an 1. ... Dg2+!. Daher muß der wK ziehen: nach **1. Ka1! Dg1+ 2. Ka2** muß die sD mit 2. ... Dg8 auf ihr Ausgangsfeld zurück, wodurch Weiß ihre Beschäftigungslenkung bewirkt und damit ein Tempo gewonnen hat mit der Folge 3. Tb2+ Ka8 4. Db7‡ oder Da4‡; 1. ... Ka8 2. Dc6+ oder Ta2+. – 1. Kb1? scheitert an der Fesselung des wT durch 1. ... Dg6!.

158 Zugwechsel: Schwarz am Zuge wäre, da die sD die Brennpunkte a1,b2 und c2 nicht gleichzeitig gedeckt halten kann, im nächsten Zuge matt. **1. Kg7! Da7+ 2. Kg6 Da2 3. Kh6,** und die Anfangsstellung ist unter Abwälzung der Zugpflicht auf Schwarz wiederhergestellt mit der Folge 3. ... D~ 4. Da1, b2, c2‡. Ein Tempoduell wK gegen sD; auf andere Weise kann der wK seinen Dreieckmarsch nicht mit Erfolg ausführen (nach 1. Kg6,5? Dg8+! bzw. 1. Kh7,5? Df7+! hat er kein sicheres Feld).

159 **Df3!** (droht 2. Df6:+, 1. ... Dc6 2. Dc6:) **f5 2. Dh3** (die sD ist an die Brennpunkte c3/h8 gebunden) f4 3. Dc8: 4. Dc3, h8‡.
Nachdem der sB die sD verstellt und damit den hinterstellenden Zug der wD ermöglicht hat, muß er der wD deren Angriffslinie auf die sD öffnen: ein „Duell“ der beiden Damen, bei dem die sD auf ihrem Platz verharrt und das schnell beendet ist. Die weiße D-K-Batterie kommt nur in Verführungen (der Schlüsselzug enthält einen Batterieverzicht), nicht aber in der Lösung zur Geltung. – Ein Minimalproblem.

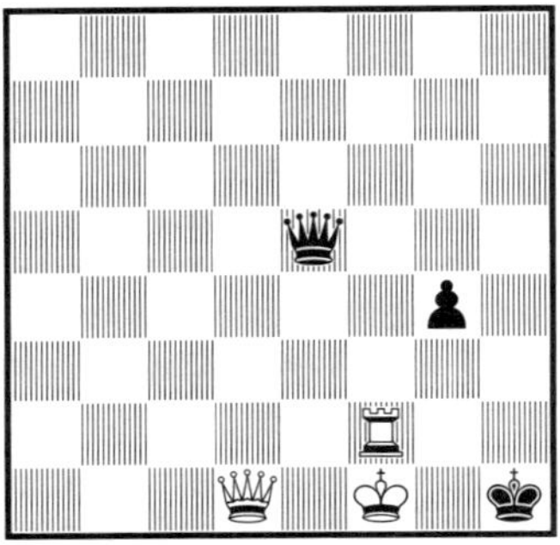

160 **G. Sachodjakin**

Schachmaty w SSSR, 1967

Matt in 4 Zügen

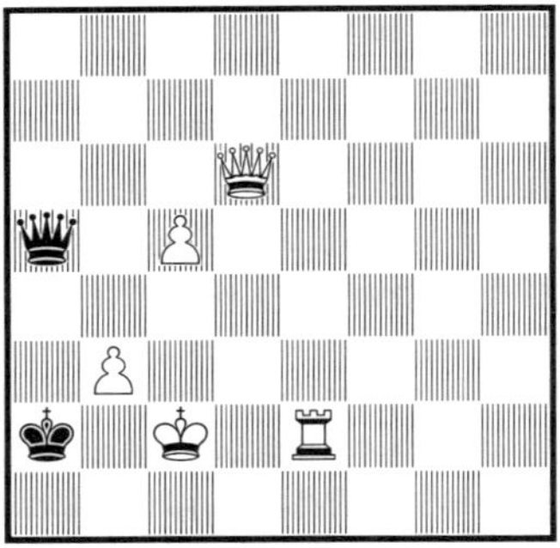

161 **R. List**

Schweizerische Schachzeitung, 1979

3. Preis

Matt in 4 Zügen

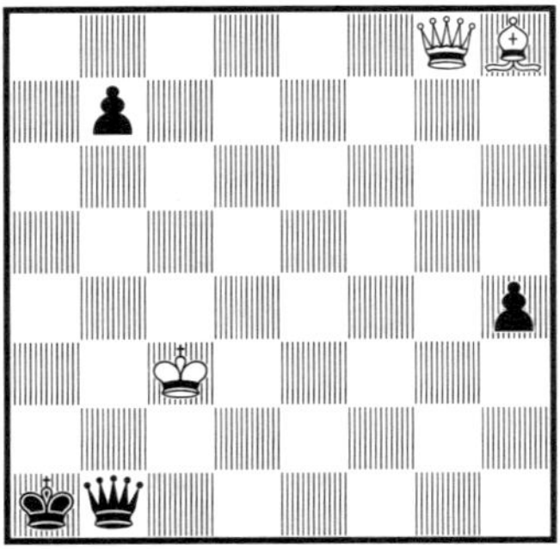

162 **W. Speckmann**

Turnier Altenaer Kreisblatt, 1975 (Verb.)

4. Preis

Matt in 4 Zügen

160 Nach **1. Db1!** (1. ... De3 2. Db7+ Df3 3. Tf3:) kann die sD durch **1. ... De7** noch die weißen Angriffsfelder b7, e4, h7 und e2 unter Kontrolle nehmen. Mit **2. Dc2!** ist sie dann aber (da sie jetzt neben c6, e4, h7 nicht auch das Angriffsfeld h2 decken kann) ausmanövriert; auf 2. ... De1+ folgt 3. Ke1: 4. Tf1‡. Es werden 2. Df5? durch 2. ... De1+!, 2. Db2? durch 2. ... Dh7! sowie 2. Db8? durch 2. ... De1+! 3. Ke1: g3! widerlegt. – 1. Dc1? scheitert an 1. ... Db5+! (wogegen somit der Schlüsselzug gleichzeitig Vorsorge trifft) 2. Ke1 Dd3!.

161 Mit **1. Dd2!** verstärkt Weiß seine Batterie auf der 2. Reihe, er kann deshalb das Schachgebot der sD auf c5 ohne deren Schlagen zulassen: **1. ... Dc5:+ 2. Kd3+** nebst 2. ... Ka3 / Kb3: 3. Da2+ Kb4 4. Da4‡/Tb2‡ (die sD hat einen Fernblock für den sK bewirkt) bzw. 2. ... Dc2+ 3. Kc2: Ka3 4. Da5‡; ferner 1. ... Dd2:+ 2. Td2: Ka3 3. Td4 Ka2 4. Ta4‡ (sowie 1. ... Da3 u.a. 2. Kc3+). Sehr verführungsreich.

162 Sofort 1. Da8+? Da2 2. Kd3+ Kb1 (3. Db7:+ Db3+!) scheitert daran, daß der wD durch den sBb7 der Weg zu ihrem Mattfeld h1 versperrt ist. Deshalb wird mit dem Vorplan **1. Dg2!** (droht 2. Kc4+) **b5** die Räumung der großen Diagonale erzwungen, wonach der Hauptplan mit **2. Da8+ Da2 3. Kd3+** Kb1 4. Dh1‡ (Blockmatt) zum Ziele führt; auf **1. ... Db5** erfolgt **2. Dc2** und gegen ein tödliches Abzugsschach des wK (es droht 3. Kd2+) ist kein Kraut gewachsen.

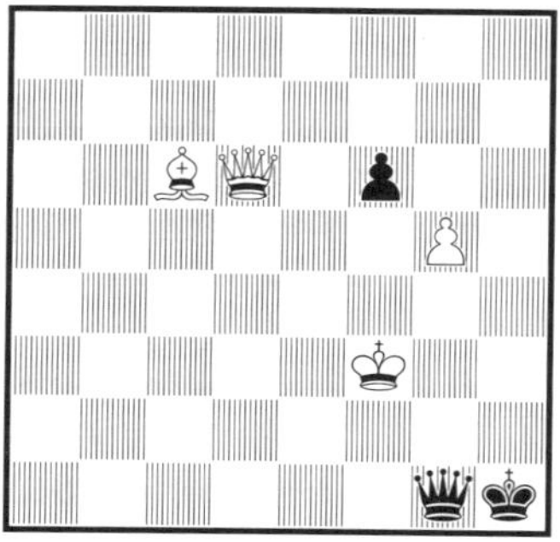

163 W. Speckmann

Mat (Belgrad), 1978

Lob

Matt in 4 Zügen

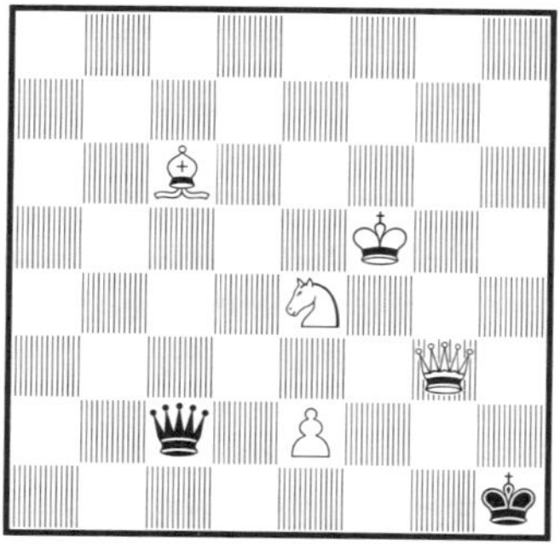

164 K. Junker

Schachverein Dortmund-Hombruch-Barop, 1951

1. ehrende Erwähnung

Matt in 4 Zügen

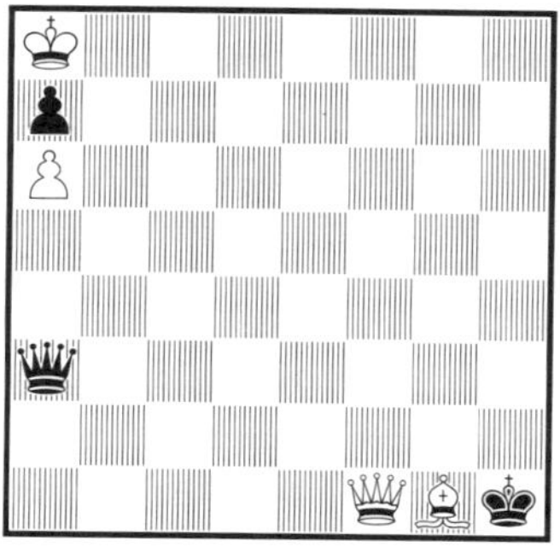

165 W. Speckmann

Magadanskaja Prawda, 1986

Matt in 4 Zügen

163 **1. Dd2!** (droht 2. Kf4+) mit den Varianten **1. .. Dg5: 2. Df2** (droht 3. Ke2+) und **1. ... fg** (bewirkt einen Block für die sD) **2. De2** (Zugzwang): die wD zieht im 2. Zug einmal nach f2 und das andere Mal nach e2. – S. auch Nr. 168 (wo sBh4 nachträglich hinzugefügt wurde, damit dort nach 1. ... b5 nicht 2. Dd2 als Dual auftritt).

164 Zugwechsel, im Satz erfolgt 1. ... Db1 2. Kf6 3. ‡ bzw. 1. ... Dd3 2. Dd3: K~ 3. Dg3+. Es fehlt ein Wartezug: 1. Lb7? Dc8+!; 1. e3? Dd3!. Vielmehr **1. Df2!** (das Mattfeld des wS wird von f2 nach g3 verlegt) mit Zugzwang; **1. ... Dd3!** (1. ... Db1? 2. Kf6 mit Matt im 3. Zuge wie im Satz) **2. Kg6,** wonach die sD, wieder in Zugzwang, nach b1 oder c2 ziehen muß und dann der wK beidemal unter Ausnutzung der Verstellung jeweils einer anderen Wirkungslinie der sD durch den wL den wS erfolgreich entfesseln kann: 2. ... Dc2/Db1 3. Kg7/ Kf6. – Vgl. Nr. 106.

165 **1. La7:+!** Kh2 2. Lb8+ Dg3 3. a7! – ein kleiner „Gag“: daß der weiße Bauer zu Höherem bestimmt ist, liegt nicht eben auf der Hand.

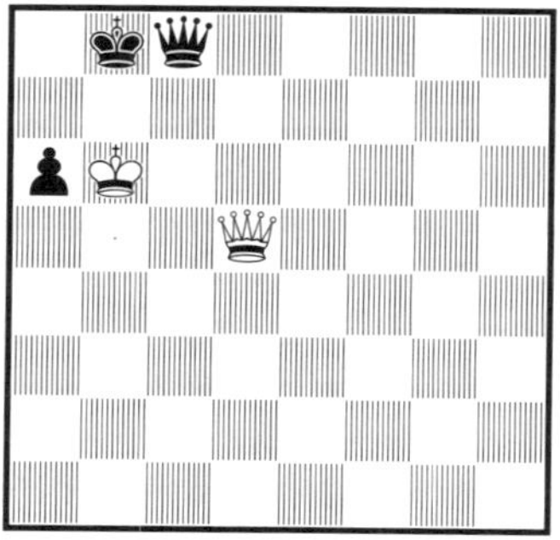

166 **J.H. Wescott**

American Chess Nuts, 1868

Abkürzung

Matt in 5 Zügen

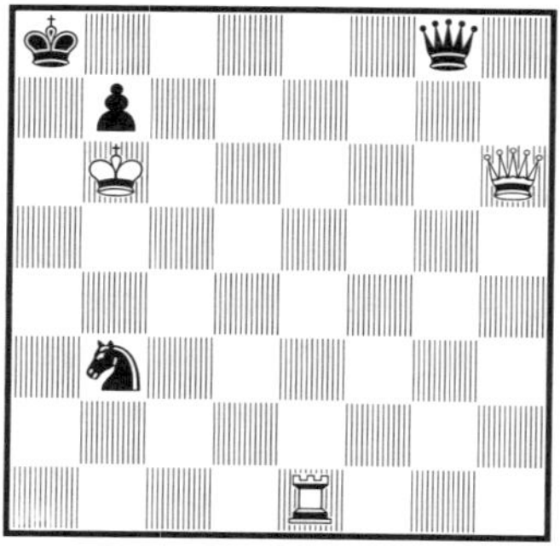

167 **A. Woronow**

Schach, 1987

Matt in 5 Zügen

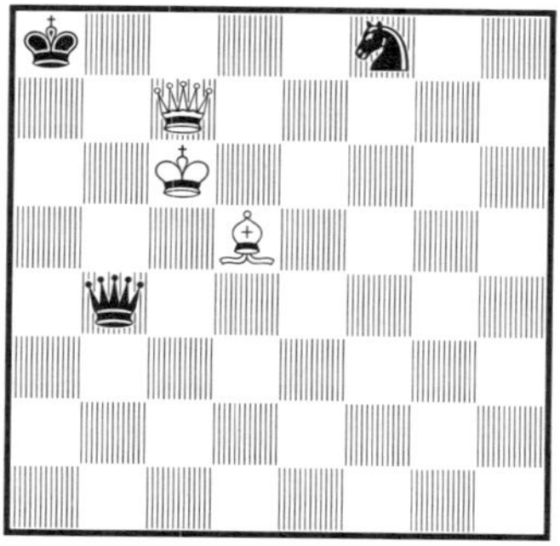

168 **W. Speckmann**

Aachener Nachrichten, 1978

Matt in 5 Zügen

166 **1. De5+! Ka8 2. De4+ Kb8 3. De7** – die wD ist jetzt, mit Beschäftigungslenkung des sK (also unter Tempogewinn), auf das Feld e7 gelangt, wo sie 4. Da7‡ droht: 3. ... Dc5+ 4. Dc5: 5. Df8‡ Ein Minimalproblem. – Die Aufgabe wurde als Sechszüger mit der Stellung Kb6 Da2 Bg6 – Ka8 Dc8 Ba6 h3 (1. Dd5+ Kb8 2. De5+ usw.) veröffentlicht.

167 Die wD muß störenden Schachgeboten der sD, namentlich dem auf d8, vorbeugen und zugleich das Feld e8 anstreben. Als Schlüsselzug liegt **1. Dg5!** nahe, die angegriffene sD hat danach (abgesehen von 1. ... Dc8?, was mit 2. Ta1+ Sa1:/Kb8 3. Da5+/De5....+ zum Matt schon im 4. Zuge führt) zwei Felder: **1. ... Df8** worauf **2. De7!** (droht auf 2. ... D~ 3. De8+) Dh6+/Df2+ 3. Te6/Te3 D:T+ 4. D:D usw. bzw. 2. ... Dc8 3. Da3+ Sa5 4. Da5:+ geschieht; sowie **1. ... Dh8** mit der Folge **2. Dh4!** nebst 2. ... Dg,f8 3. Da4+ Sa5, Kb8 4. T,De8+ bzw. 2. ... Dc8 3. Da4+ Sa5 4. Da5:+. Beachtlich, wie die wD im Verein mit dem auf e1 verharrenden wT die sD auszutricksen versteht.

168 Zugwechsel, jeder Zug von sD und sS erlaubt dem wK ein Abzugsschach mit Matt im folgenden Zuge. Es geht darum, die Anfangsstellung mit Schwarz am Zuge herzustellen, was durch ein subtiles Tempoduell zwischen wL und sD erreicht wird. Dazu muß die sD in ihrem 2. Zuge (durch 2. Le4) wieder nach b4 zurückgelenkt werden, worauf der wL dann seinerseits nach d5 zurückkehrt. Nicht ausreichend sind dafür 1. Lh1? Db1 (dem wL wird durch die sD das Feld e4 verwehrt) und 1. Lf3? wegen 1. ... Db3 2. Le4 De6+! 3. K+ D:L; zum Ziel führt **1. Lg2! Db2** nebst **2. Le4 Db4** sowie **3. Ld5** usw. wie im Satz. Die sD am „Gängelband"! – S. auch Nr. 175

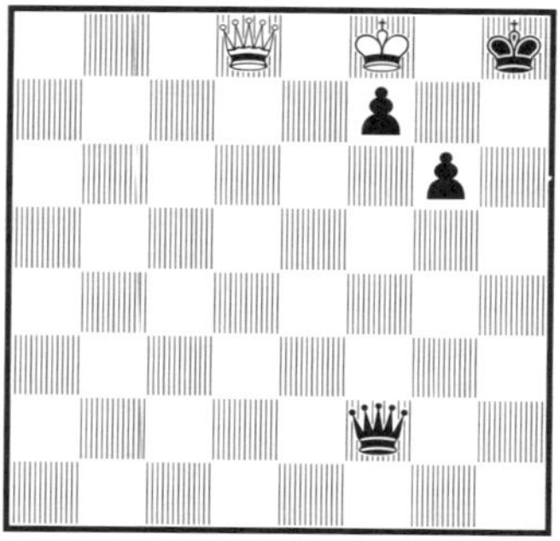

169 Th. Nissl

Deutsche Schachblätter, 1937

Matt in 6 Zügen

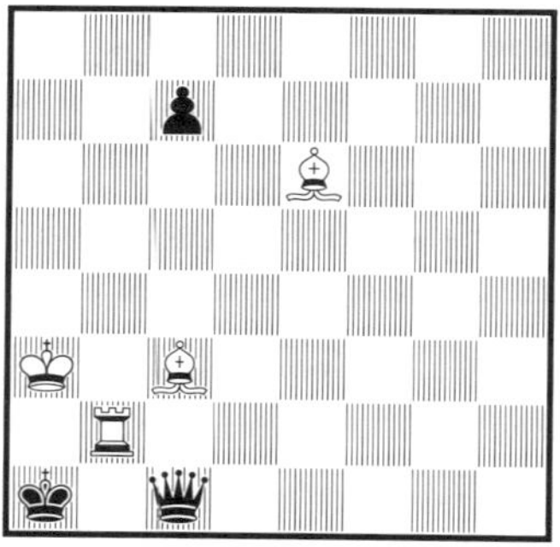

170 E.M.H. Guttmann

Deutsche Schachzeitung, 1964

3. ehrende Erwähnung

Matt in 6 Zügen

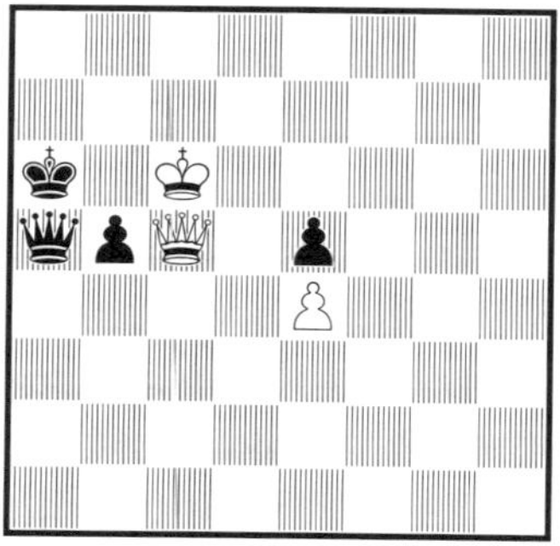

171 W. Massmann

Danziger Vorposten, 1940

Matt in 7 Zügen

169 **Auf 1. Da8!** (droht 2. Dh1+) geschieht **1. ... Dg1** (deckt zugleich das Feld g6 gegen 2. Kf7:+) **2. Da3** (droht 3. Dh3‡ und 3. Dc3+) Dg5 3. Dh3+ Dh5 4. Dc3+ und **1. ... g5 2. Dh1+** Dh4 3. Da1+ Dd4 4. Dd4:+ sowie (fünfzügig) 1. ... Df1 2. De4 Df5/g5 3. Dh4+/De5+.
Subtiles Duell der weißen gegen die schwarze Dame, die auf Dauer nicht alle drei bzw. zwei Angriffslinien ihrer Kollegin unter Kontrolle halten kann; es scheitern 1. Dc8? an 1. ... Df5!, 1. Dd5? an 1. ... Dh4! 2. De5+ f6!. – Ein Minimalproblem.

170 Nach **1. Lh8!** ergeben sich zwei Abspiele: **1. ... Dh1 2. Tb8+** Dh8: 3. Th8: Kb1 4. Lb3 Kc1 5. Td8 6. Td1‡ und **1. ... c6(5) 2. Lf5** c5(4) 3. Lc2 c4(3) 4. Lc3 (Zugzwang) Dc2: 5. Ta2+ Kb1 6. Ta1‡. Im Schlüsselzug muß die richtige Auswahl getroffen werden, die äußerst subtil ist: Nach 1. Ld4? bewirkt c5! einen Tempoverlust für Weiß; 1. Le5? Dc5+! 2. ... De5:; 1. Lf6? Dh6! (nach 1. ... Df1? kann Weiß mit 2. Th2+ 3. La2+ usw. den Fernblock der sD nutzen) 2. Lf5 Dc1; und Schwarz hat einen zusätzlichen Tempozug; 1. Lg7? Dg1! (1. ... Dg5? 2. Tg2+ Dg7: 3. Tg7: bzw. 2. ... Kb1 3. Tg5: Kc~ 4. Td5): in den beiden letzten Fällen verhindert dabei die Verstellung der 6./7. Reihe durch Le6/Bc7 die Mattführung durch 2. Tb6+/Tb7+.

171 Müßte Schwarz ziehen, so wäre spätestens im 5. Zuge matt: 1. ... b4 (anders früher) 2. Dc4+ Ka7 3. Df7+ Dc7+ 4. Dc7:+ Ka8/Ka6 5. Db7‡/Db6‡; also Zugwechsel. Weiß hat keinen Wartezug, mittels eines Tempoduells der wD gegen die sD kann er aber die Anfangsstellung unter Abwälzung der Zugpflicht auf Schwarz wiederherstellen: **1. De3!** (Zugzwang) **Dd8** (am besten, auf 1. ... b4 geschieht jetzt 2. Dd3+ Ka7 3. Dd7+ usw.) **2. Da3+ Da5 3. Dc5**, womit Weiß sein Ziel erreicht hat; es folgt die Mattführung des Satzes. – Vgl. dazu Nr. 153.

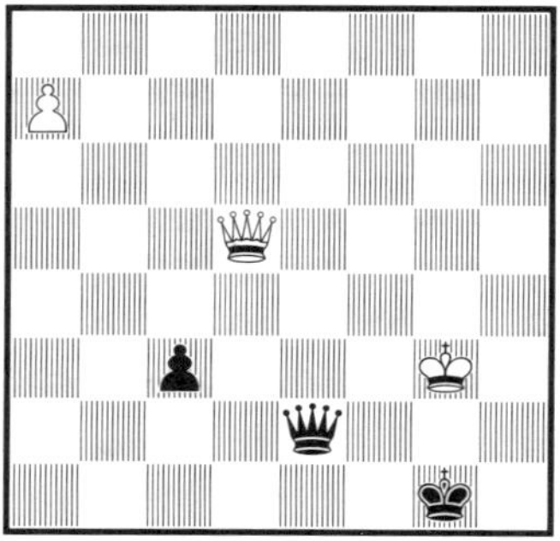

172 W. Speckmann

Deutsche Schachzeitung, 1976

Matt in 7 Zügen

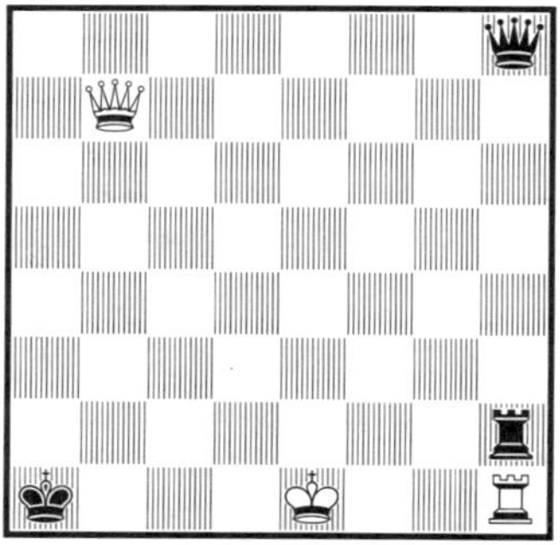

173 H. Hultberg

Eskilstuna-Kuriren, 1954

Matt in 8 Zügen

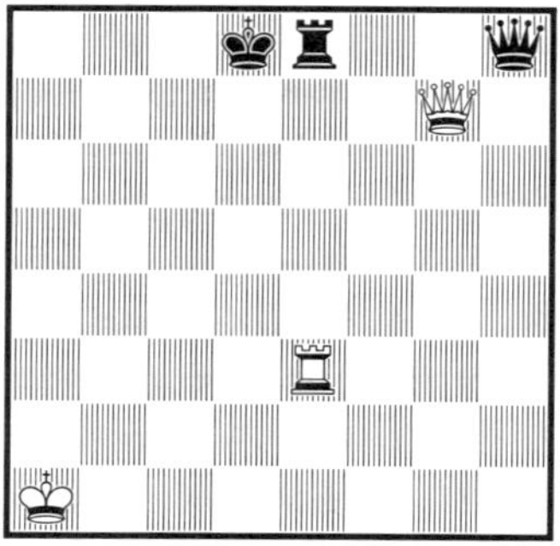

174 A. Mouterde

La Stratégie, 1922

Matt in 8 Zügen

172 Die wD könnte nur über ein Schachgebot auf der 1. Reihe zum Ziel kommen. Sie selbst kann sich nicht in eine solche Position bringen (1. Dd4+? Kf1! 2. Df4+ Ke1! 3. ?, nicht 2. ... Kg1? wegen 3. Dc1+ Df1 4. a8D). Weiß muß sich also eine neue Dame auf a8 schaffen. Da 1. a8D? zu schwach ist (die sD kann darauf das Matt mit Schachgeboten über sieben Züge hinauszögern), muß dies mit Tempogewinn – unter Beschäftigungslenkung des sK mittels Damenopfer – geschehen: **1. Dh1+! Kh1: 2. a8D+** Kg1 und nun 3. Da1+ Df1 4. Da7+ Kh1 5. Dh7+ Dh3+ 6. Dh3:+ Kg1 7. Dg2‡. Für die verschwundene entsteht, wie der Vogel Phönix aus der Asche, die neue Dame (das geschähe noch dazu auf demselben Feld, wenn man in der Anfangsstellung – was aber alle Verführungen beseitigen würde – die wD nach a8 stellte).

173 **1. 0–0+! Ka2 2. Db1+ Ka3 3. Tf3+ Ka4** (3. ... Dc3 4. Tc3:+ Ka4 5. Kh2: Ka5 6. Ta3‡) **4. Db3+ Ka5 5. Tf5+ Ka6** (5. ... De5 6. Te5:+ Ka6 7. Kh2: Ka7 8. Ta5‡) **6. Db5+ Ka7 7. Tf7+** Ka8 8. Db7‡. Ein Königstreiben – wobei wD und wT einander ablösen – von a1 bis a8; die Nebenspiele (auf 3. ... Dc3 und 5. .... De5) ergeben zueinander Echomatts.

174 **1. Td3+! Kc8 2. Tc3+** (der wT entfesselt die wD) **Kb8 3. Dc7+ Ka8 4. Da5+ 5. Db4+ 6. Da3+ 7. Db2+** (die wD entfesselt den wT) K~ 8. Ta3‡. Das wechselseitige „Einanderentfesseln“ der beiden weißen Figuren, um erst die wD und zum Schluß des wT beweglich zu machen, ist sehr eindrucksvoll. – Die Forderung könnte auch – es wäre dies dann eine „Studie“ – lauten: Weiß zieht und gewinnt (s. zu Nr. 192).

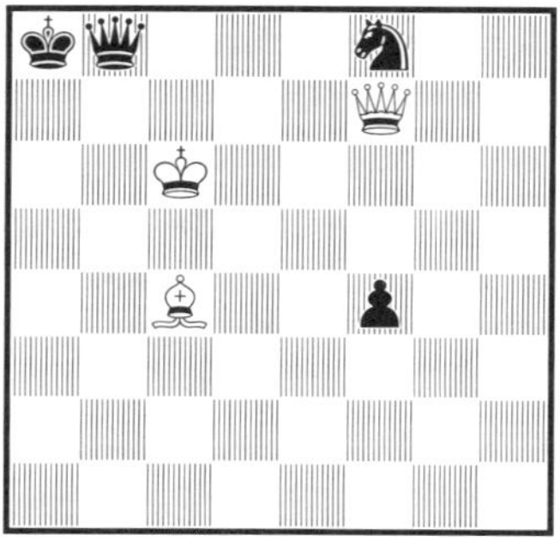

175 W. Speckmann

Schachmaty w SSSR, 1973

1. ehrende Erwähnung

Matt in 8 Zügen

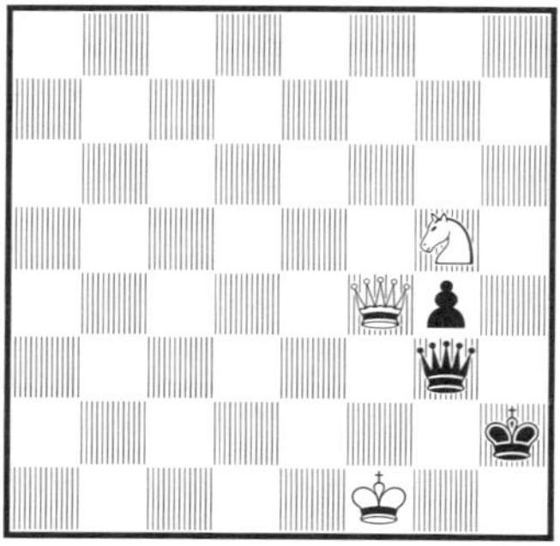

176 H. Bolton

Lewis: Treatise; 1844

Matt in 11 Zügen

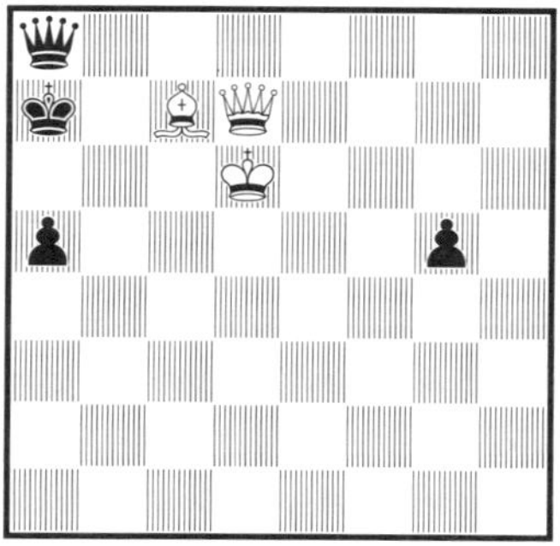

177 W.A. Shinkman

The Golden Argosy, 1929

Matt in 13 Zügen

175 **1. Ld5!** (droht 2. Kc5+) **Db4 2. Dc7** (jetzt Zugzwang, 2. ... D~, S~ 3. K+) **f3 3. Lf3: Db3**.
Die hiermit entstandende Stellung unterscheidet sich von der in Nr. 168 nur dadurch, daß wL und sD jetzt statt auf d5/b4 auf f3/b3 stehen. Das führt zu einem – theoretisch gesehen – ganz anderen strategischen Geschehen. Schwarz hat jetzt auf sofort 4. Le4? die schlechte Verteidigung 4. ... Db4? (5. Ld5) und die gute 4. ... De6+! (5. K+ D:L); der Vorplan **4. Lg2! Db2** bewirkt, daß bei nunmehriger Ausführung des Hauptplans **5. Le4** die gute Verteidigung entfällt (das dieser entsprechende 5. ... Df6+? wäre jetzt sinnlos) und nur die schlechte übrig bleibt: 5. ... Db4 nebst 6. Ld5 (Zugzwang: 6. ... D~, S~ 7. K+). Es liegt hier, beginnend mit dem 4. Zug, eine Beugung vor.
Diese Version zu Nr. 168 (und Verlängerung) bietet einen in der Miniatur vielleicht nicht zu übertreffenden Rekord: im Hauptspiel erfolgen bei (voll) beweglicher sD und ohne diese zu schlagen sechs aufeinanderfolgende Züge ohne Schachgebot; am nächsten kommt hier Nr. 170 mit vier solchen stillen Zügen in der Variante 1. ... c7~.

176 **1. Dd2+! Kh1 2. Dd5+ Kh2** (2. ... Df3+ 3. Sf3:) **3. Da2+ Kh1 4. Da8+ Kh2** nebst **5. Dh8+ Dh3 6. Dh3:+!** gh 7. Kf2 Kh1 8. Se4 Kh2 – die beiden letzten Züge von Weiß lassen sich jedoch umstellen – 9. Sd2 Kh1 10. Sf1 h2 11. Sg3‡. Die wD manövriert so, daß sie zum Schachbieten auf der h-Linie kommt, worauf sie sich gegen die sD opfert und eine (schon aus „Bonus Socius“, ca. 1300) bekannte Mattführung wS gegen sB den Abschluß bildet.

177 **1. Df5!** (droht 2. Dc5+ Kb7 3. Dc6+ Kc8 4. Da8:‡) **Db7** (sonst leicht) **2. Dc5+ Ka8 3. Da5:+ Da7 4. Dd5+ Db7 5. Dc4!** (droht 6. Da4+ Da7 7. Dc6+ usw.) Ka7 (sonst leicht) 6. Dd4+ Ka8 7. Da4+ Da7 8. De8+ Kb7 9. Dc6+ Kc8 10. Lb6+ Kb8 11. La7:+ Ka7: 12. Kc7 g4 13. Db7, a4‡: ein Austricksen der sD ohne besondere thematische Momente. Die beiden stillen Züge zu Beginn und in der Mitte kommen überraschend.

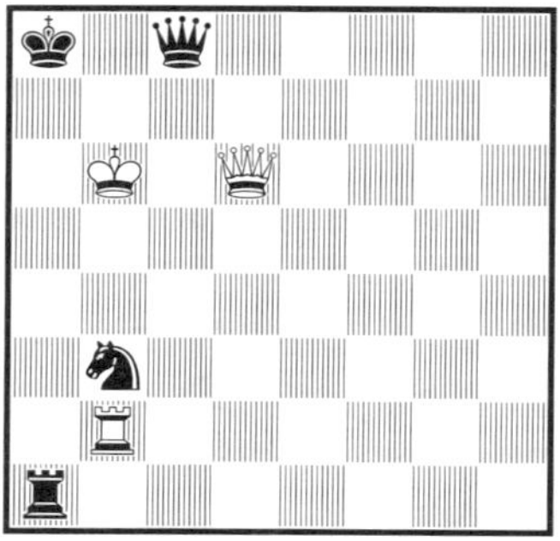

178 G. Reichhelm

vor 1891

Abkürzung

Matt in 18 Zügen

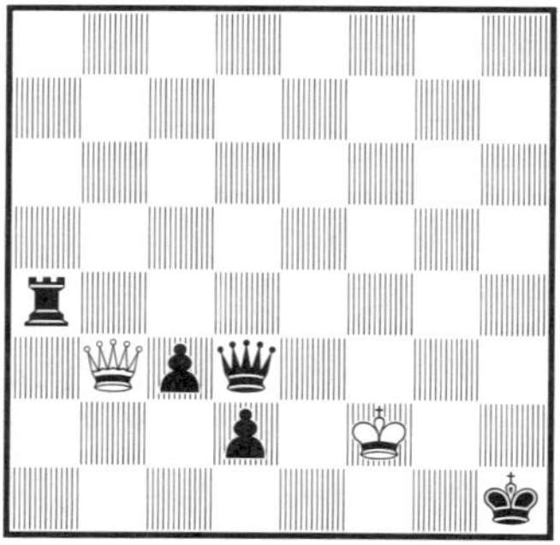

179 M. Velimirović

Politika, 1980

Matt in 22 Zügen

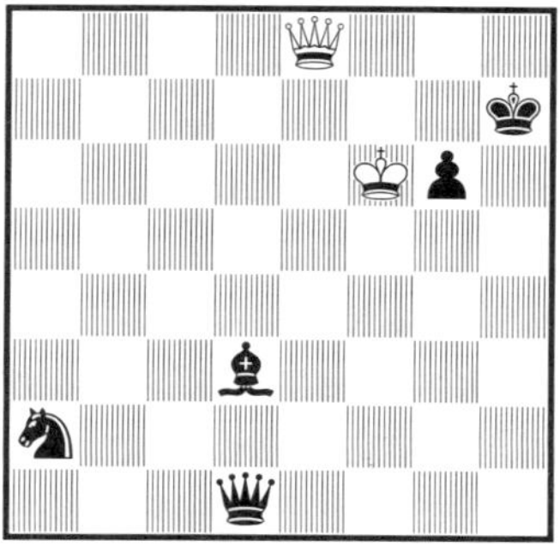

180 B. Milošeski und Z. Mihajlowski

Mat, 1982

1. Preis

Abkürzung

Matt in 23 Zügen

178 Zugrundeliegt hier ein 40‡ (Kb6 Db5 Tb2 – Kb8 Dc8 Ta1 Lf8 Sb3 Be6 e7), in dem als Schlußspiel die vorliegende Miniatur steckt; sie ergibt sich nach den Zügen 1.-7. D-e5-e4-f4-f3-g3-g2-h2 e5 8.-14. D-e5:-e4-f4-f3-g3-g2-h2 e5 15.-21. D-e5:-e4-f4-f3-g3-g2-h2 Ld6 22. Dd6:+ Ka8, wobei die wD bereits mehrmals die „Treppe" runter und durch schwarze Störenfriede wieder zurückgeholt worden war.

In der nun 18-zügigen Diagrammstellung führt die wD diesen Treppenmarsch noch einmal nach unten und, nachdem sie endlich den Tb2 zum Einsatz gebracht hat, erneut nach oben aus: **1. Dd5+! 2. De5+ 3. De4+ 4. Df4+ 5. Df3+ 6. Dg3+ 7. Dg2+ 8. Dh2+ Ka8**, alsdann **9. Ta2+ Sa5** (9. ... Ta2: 10. Da2:+ Sa5 11. Da5:+ Da6+ 12. Da6:+ Kb8 13. Db7‡) sowie **10. Dg2+** 11. Dg3+ 12. Df3+ 13. Df4+ 14. De4+ 15. De5+ Ka8 16. Da5:+ Da6+ 17. Da6:+ Kb8 18. Db7‡ oder Da8‡.

179 **1. Dd1+!**Kh2 2. Dh5+ Dh3 3. De5+ Kh1 4. Dd5+ Kh2 5. Dd6+ Kh1 6. Dc6+ Kh2 7. Dc7+ Kh1 8. Db7+ Kh2 9. Db8+ Tf4+! (9. ... Kh1? 10. Db1+) 10. Df4:+ Kh1 11. De4+ Kh2 12. De5+ Kh1 13. Dd5+ Kh2 14. Dd6+ Kh1 15. Dc6+ Kh2 16. Dc7+ Kh1 17. Db7+ Kh2 18. Db8+ Kh1 19. Db1+ d1 20. Dd1:+ Df1 21. Df1:+ Kh2 22. Dg2‡. Zwei Treppenmärsche der wD wie in Nr. 178, hier (da sie nach dem ersten „zurückgeholt" wird) beidemal von unten nach oben. – S. auch Nr. 180.

180 **1. De7+!** Kh6 2. De3+ Kh7 3. Dh3+ Kg8 4. Dc8+ Kh7 5. Dc7+! Kh6 6. Df4+ Kh7 7. Dh2+ Kg8 8. Da2:+ Kh8! 9. Da8+ Kh7 10. Da7+ Kh6 11. De3+ Kh7 12. Dh3+ Kg8 13. Dc8+ Kh7 14. Dd7+ Kh6 15. Dh3+ Dh5 16. De3+ g5 17. Dd3: De8 18. Dh3+ Dh5 19. Df5! g4 20. Df4+ Kh7 21. Dc7+ Df7+ 22. Df7:+ Kh8/Kh6 23. Dg7‡/Dg6‡.

Es ist dies die zuglängste Miniatur mit sD. Veröffentlicht ist sie als 24Züger mit (statt wD und sD) wBe7/sBd2 und dem vorgeschalteten Zugpaar 1. e8D! d1D; damit hatte sie den kurz zuvor durch einen anderen Verfasser erreichten Rekord von 24 Zügen für die zuglängste Miniatur überhaupt mit mindestens einem dualfreien Spiel – zuvor war dies für ein Jahr die Nr. 179 – eingestellt.

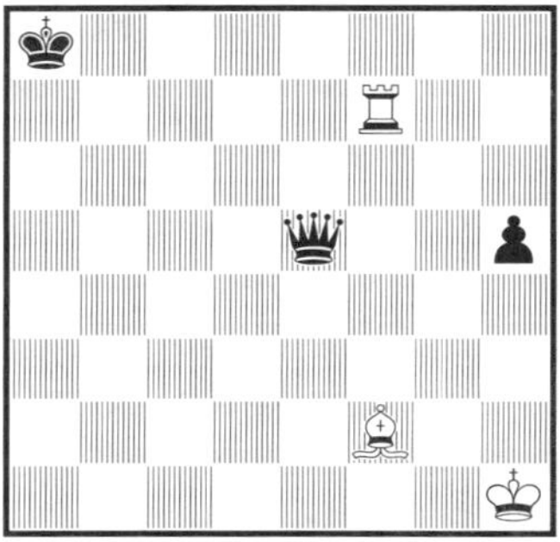

181 E.B. Cock

International Chess Magazine, 1886

Weiß zieht und macht remis

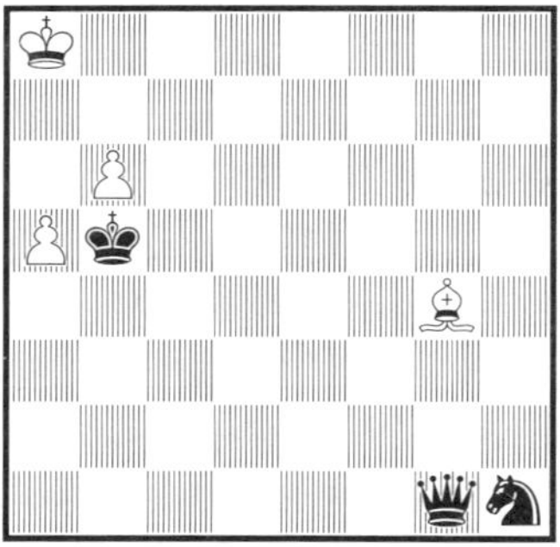

182 W. Tschechower

Schachmatnije etjudi i okontschenje, 1959

Weiß zieht und macht remis

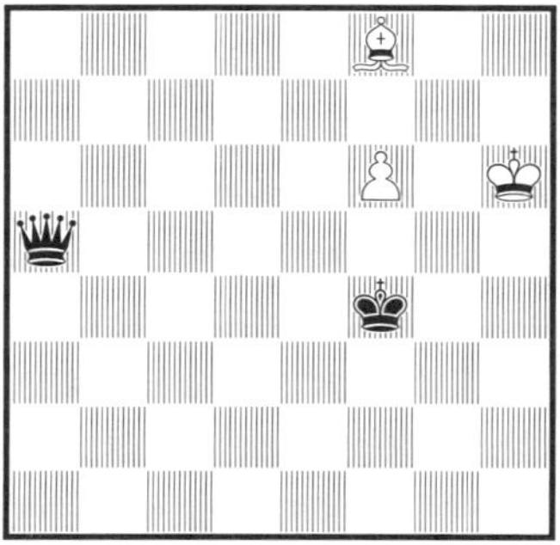

183 L. I. Kubbel

Krassnaja gaseta, 1923

Weiß zieht und macht remis

181 Nach 1. Ta7+! Kb8 2. Lg3! Dg3: mit Pattsetzung des wK hat Schwarz nur die Wahl, ewiges Schach durch den danach allein noch beweglichen weißen Stein, den Turm, zuzulassen oder durch dessen Schlagen endgültig pattzusetzen; dabei muß Weiß jedoch darauf bedacht sein, mit dem Turm nicht auf Felder zu geraten, auf denen ihn die sD schlagen kann: daher nicht 3. Tb7+? wegen 3. ... Kc8! 4. Tb8+ oder Tc7+ D:T, vielmehr 3. Ta8+ Kb7 4. Ta7+ usw.
Ein Gewinnversuch wäre noch 4. ... Kc6 5. Ta6+ Kd5 6. Ta5+ Ke4 7. Ta4+ Kf5! 8. Ta5+ Kf4 9. Ta4+ (9. Tf5+? Ke3!) Kg5 10. Ta5+ Kh4 10. Ta4+? Kh3! – doch mit 10. Th5:+! durchkreuzt Weiß diesen Plan. Also remis.

182 1. b7! Dg2 (Schwarz droht jetzt 2. ... Ka6 3. Le2+ De2: 4. b8D D...f3+ bzw. 3. Lc8 Dc6) 2. Lh3! Df3 3. Lg4 De4 4. Lf5 Dd5 5. Le6 De4 6. Lf5 usw. – Schwarz kann seine Dame dem „ewigen Angriff" (wovon das ewige Schach nur ein spezieller Fall ist) durch den opponierenden wL nicht entziehen, ohne die Umwandlung des Bb7 zuzulassen. Man hat hier einige Mühe festzustellen, weshalb andere zweite Züge für Weiß zum Verlust führen; z.B. 2. Ka7? Df2+ 3. Ka8 Ka6 4. b8D Dg2+, 2. Lf5? Ka5: 3. Ka7 Df2+ 4. Ka8 Df3 5. Ka7 De3+ 6. Ka8 Ka6 sowie 2. Le6? wie zuvor bis 6. Ka8 und dann 6. ... De4 7. Ka7 De6:.

183 Nach 1. f7? Dg5+ 2. Kh7 Kf5 3. Lg7 Dg6+ 4. Kg8 De6 wäre Weiß verloren. Vielmehr 1. Ld6+! Kf5 (nach 1. ... Kg4 2. f7 klares Remis, der sK muß also aggressiv spielen) 2. f7 Dd2+ 3. Kh7! (3. Kg7? verliert, 3. ... Dg5+ 4. Kh8 Kg6) Dd6: 5. f8D+ Df8: patt. Weiß muß die Umwandlung seines Bauern erreichen. Da das Umwandlungsfeld letztlich nicht zu decken ist, manövriert er so, daß Schwarz mit dem Schlagen der ungedeckten Umwandlungsdame durch seine Dame pattsetzt.

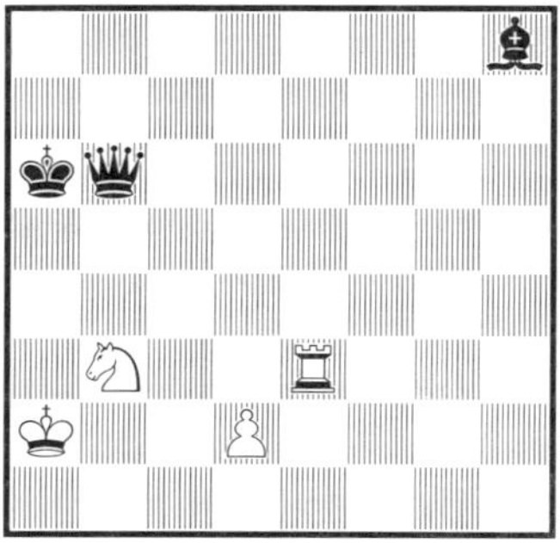

184 L.I.Kubbel

Listok schahmatnowo Kruschka Petrogutkommuni, 1921

Weiß zieht und macht remis

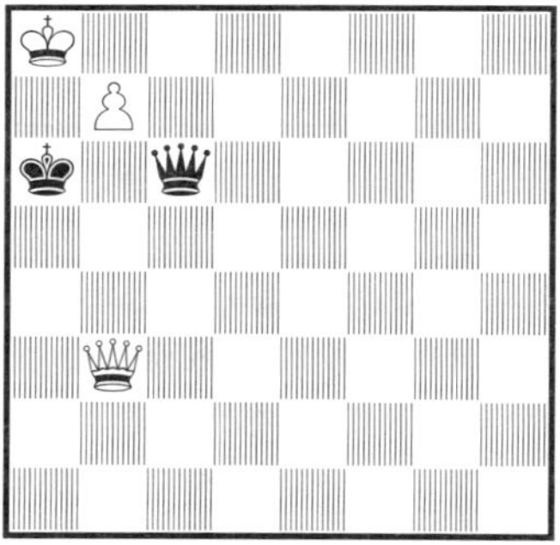

185 L. van Fliet

Deutsche Schachzeitung, 1888

Weiß zieht und gewinnt

186 A. Troitzki

Schachmatnoje Obosrenje, 1920

Weiß zieht und gewinnt

184 Mit 1. Sd4! droht Weiß die Eroberung der sD durch 2. Te6 oder 2. Ta3+ (3. Tb3...). Auch auf 1. ... Dd8 erreicht er dies durch 2. Ta3+ Kb7 3. Tb3+ Kc8 4. Tb8+! Kb8: sowie (Gabelangriff auf sK und sD) 5. Sc6+; nach 3. ... Kc7 oder 2. ... Kb6 3. Tb3+ Kc5 erfolgt hier Se6+. Nimmt Schwarz das Springeropfer mit 1. ... Dd4: an, so geschieht 2. Ta3+ Kb5 3. Tb3+ Kc4 4. Tc3+ nebst ewigem Schach oder – wenn Schwarz dies vermeiden will – 4. ... Kd5 5. Td3! Dd3: patt.

185 Nach 1. Db4! darf die sD die Fesselung des Bb7 nicht aufgeben, also die Diagonale a8 – h1 nicht verlassen: 1. ... Dd5, Df3 2. Da4+ Kb6 3. Db3+! Db3: 4. b8D+, 1. ... Dg2 2. Da3+ Kb6 3. Db2+! Db2: 4. b8D+ sowie 1. ... Dh1 2. Da3+ Kb6 3. Db2+ Ka6 4. Da2+ Kb6 5. Db1+ Db1: 6. b8D+ bzw. 3. ... Kc7 4. Dh2+! Dh2: 5. b8D+ – viermal (dreimal orthogonal, einmal diagonal) wird die sD durch Opfer der wD so gelenkt, daß sie von der neu entstehenden weißen Dame durch Schach erobert wird.

186 1. De7+! Kg6 2. Sf8+ Kf5 3. Dh7+ Kf4 (auf 3. ... Ke5, Kf6 erfolgt der Gabelangriff 4. Sd7+) 4. Dd3! (droht 5. Sg6‡, 4. ... Ke5 5. Dg3+) Df8: 5. Df1+. Die durch den stillen 4. weißen Zug hergestellte Mattdrohung zwingt die sD auf die Reihe, auf der die wD sie durch Schachgebot erobern kann.

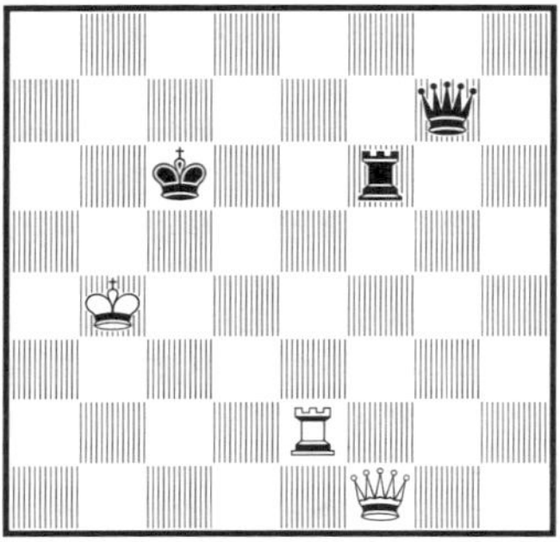

187 **A. Troitzki**

Schachmatni Journal, 1898

Weiß zieht und gewinnt

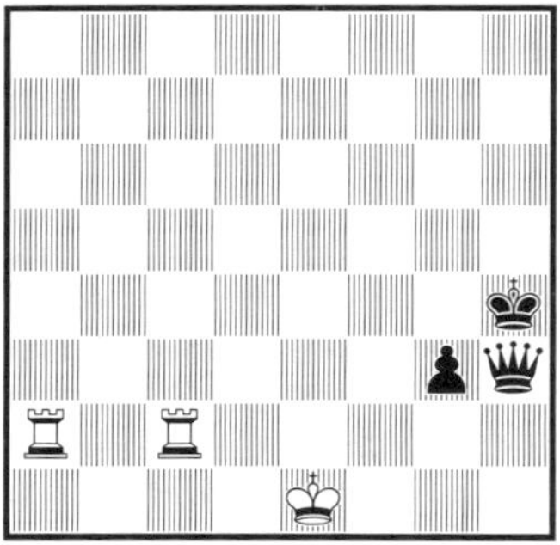

188 **M. Platow**

Schachmaty, 1927

ehrende Erwähnung

Weiß zieht und gewinnt

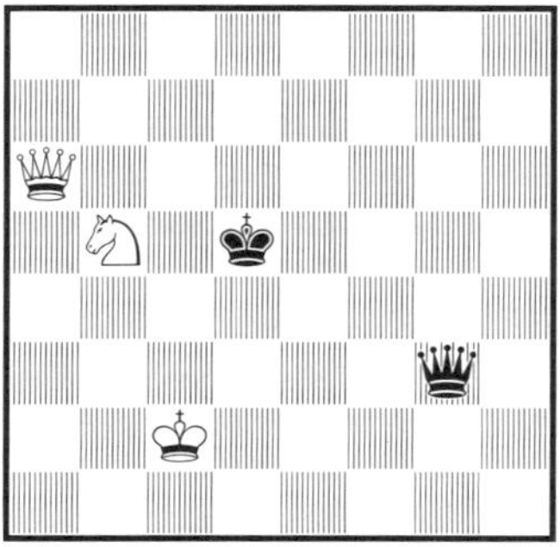

189 **L. Prokeš**

1941

Weiß zieht und gewinnt

187 Mit 1. Te6+! Te6: räumt der wT durch sein Opfer der wD die Diagonale nach a6, worauf diese trotz nunmehriger materieller Übermacht von Schwarz die Oberhand behält: 2. Da6+! (nach 2. Db5+? Kc7 verlöre Weiß sogar) Kd5 3. Dc4+ Ke5 4. Dc3+ bzw. 3. ... Kd6 4. Dc5+ Kd7 5. Da7+; der sK wird also auf die Diagonale a1/h8 oder die 7. Reihe getrieben und so die sD durch Schachgebote der wD erobert.

188 Nach 1. Tc4+? Kg5 2. Ta5+ Kf6 3. Tc6+ Ke7 4. Ta7+ Kd8 stehen die weißen Türme falsch. Vielmehr 1. Ta4+! Kg5 2. Tc5+ Kf6 3. Ta6+ Ke7 4. Tc7+ Kd8, und nun 5. Th7! (es droht außer 6. Th3: ferner 6. Ta8+ Dc8 7. Tc8:+) 5. ... Dh7: 6. Ta8+ 7. Ta7+ 8. Th7: bzw. 5. ... Dg2 6. Ta8+ Da8: 7. Th8+ 8. Ta8: – Weiß hat beidemal die sD gegen einen Turm erobert und gewinnt.

Der Schlußeffekt entspricht einer Gewinnstudie von J. Kling (Chess Euclid, 1849: Ke1 Tf4 h2 – Ke3 Da8, 1. Ta4!), die ihrerseits wieder auf einer Stellung aus dem 15. Jahrhundert (MS Civis Bononiae – bekannt in der Fassung von Ph. Stamma, 1737: Kd8 Ta7 c5 – Kd6 Th4, 1. Th5!) fußt.

189 1. Sc3+! Ke5 (1. ... Kc5/Kd4 2. Se4+/Se2+) 2. Db5+ Ke6 (2. ... Kd,f6/ Kd,f4 2. Se4+/Se2+) 3. De8+ Kf5 (3. ... Kd,f6 4. Se4+) 4. Dc8+ Kf6,g5/Kf4/Ke5/Kg6 5. Se4+/Se2+/Db8(c7)+/Dg8+. Der sK bewegt sich in vermintem Gelände: nachdem er mehrmals Gabelangriffen des wS auf ihn und die Dame hat ausweichen können, fällt Schwarz zum Schluß dann einem solchen oder – weil der sK auf eine Linie mit der sD geraten ist – je einem orthogonalen und diagonalen Schachgebot der wD zum Opfer.

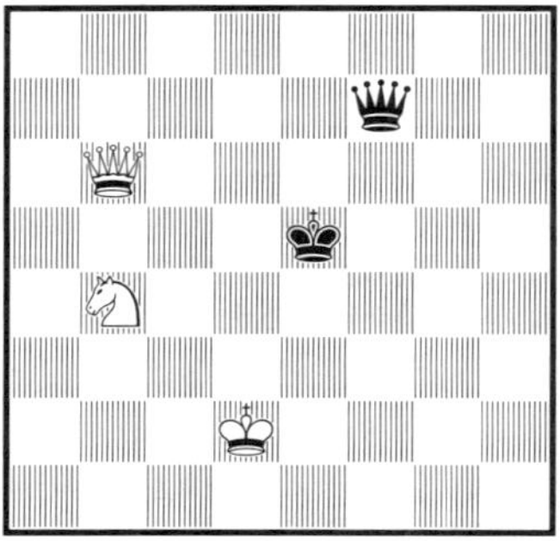

190 **O. Dehler**

Akademische Monatshefte für Schach, 1908

Weiß zieht und gewinnt

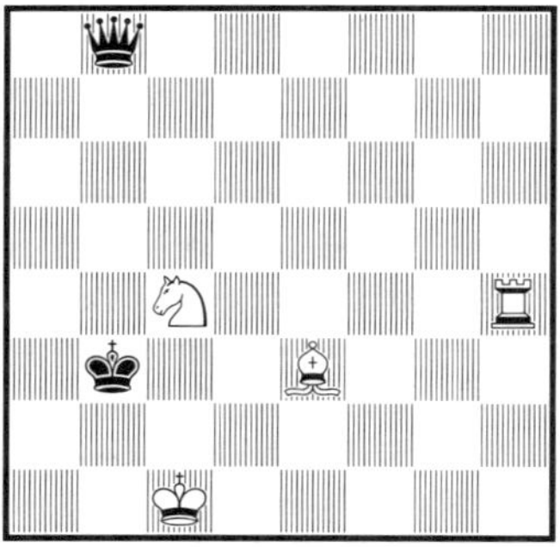

191 **H. Rinck**

Magyar Sakkvilág, 1928
3.-4. Preis

Weiß zieht und gewinnt

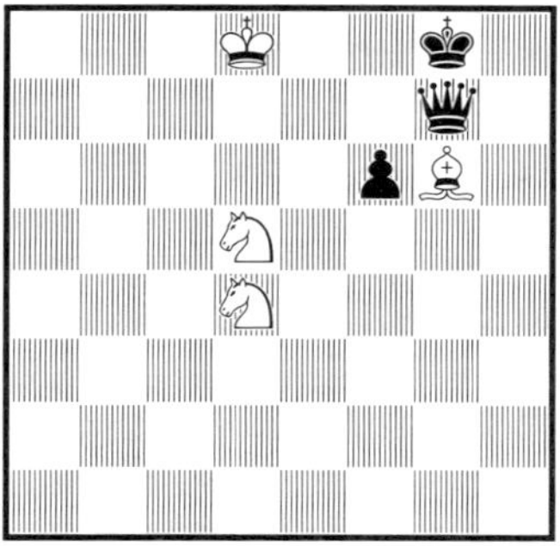

192 **J. Fritz**

Magyar Sakkélet, 1955

Weiß zieht und gewinnt

190 1. Sc6+! Kf4,5 (1. ... K6~ 2. Sd8+, 1. ... Ke4, Kd5 verkürzt die Lösung) 2. Df2+ Ke4! (3. Df7:? patt, deshalb) 3. De3+ Kd5 (3. ... Kf5 kürzt wieder ab) 4. Db3+ Ke4! (erneut das Pattmotiv, 5. Df7:?) 5. Dd3+ Kf4 6. De3+ Kf5 (6. ... Kg4 7. Se5+) 7. Df3+ Ke6/Kg6 8. Sd8+/Se5+ und gewinnt die Dame. Die beiden pikanten Pattverteidigungen, mit denen die Eroberung der sD durch – vertikales bzw. diagonales – Schachgebot der wD als Illusion entlarvt wird, gewähren nur einen Aufschub, zum Schluß fällt Schwarz einem doppelten Gabelangriff des wS auf König und Dame zum Opfer.

191 1. Sa5+! Kc3 (1. ... Ka3 2. Lc5+ Ka2 3. Ta4‡) 2. Tb4! (ein überraschendes Opferangebot des Turms, nach 2. ... Kb4:/Db4: 3. Sc6+/Ld2+ erobert Weiß die sD) Dg8 (gegen 3. Tb3+ gerichtet, aber dennoch:) 3. Tb3+ – dieses Opfer des Turms kann Schwarz nicht mehr verschmähen – Db3: 4. Ld2+ K~ 5. Sb3: und gewinnt.

192 1. Se7+! Kh8 2. S4f5 Df8+ 3. Le8 Kh7 (die sD würde bei jedem Zug geschlagen) 4. Kd7, und nun hat Schwarz nur die Wahl zwischen 4. ... Kh8 mit Verlust der sD durch den Gabelangriff 5. Sg6+ oder 4. ... Dh8 und der Folge 5. Lg6‡ (ein Modellmatt). Die sD wird hier durch die drei leichten Figuren hoffnungslos in die Enge getrieben, bis sie entweder verloren geht oder durch Block eines Fluchtfeldes des sK das Matt ermöglicht.
Eine Studie, bei der der Gewinn nur in einer Mattführung besteht, würde Nr. 174 bei entsprechender Forderung sein. Dort würde zur Korrektheit der Aufgabe für die Mattforderung an sich auf h8 auch ein sL genügen, für die Gewinnforderung ist jedoch die sD erforderlich.

Autorenregister

(Die Zahlen nach dem Doppelpunkt bezeichnen die Nummer der Aufgabe, wobei eine Klammer besagt, daß der Genannte nur „sekundär“ an dieser beteiligt ist)

Sachregister

(Die Zahlen bezeichnen die Nummern der Aufgaben und deren Lösungsbesprechungen, ein vorangestelltes »S« die Seite des Buches).

Claude Santoy/Bernd Feustel

Schule des Schachs

Vorwort von Großmeister Lothar Schmid,
160 S., 150 Fotos, 250 Diagramme, Leinen

Die französische Schachmeisterin Claude Santoy und der deutsche Meisterschüler Bernd Feustel versuchen mit diesem Buch, den am Schach interessierten Laien das königliche Spiel nahezubringen.
In der gekonnten Zusammenstellung des Lehr- und Übungsbuches ist es in dieser Art auf dem deutschen Markt einmalig!

Aus dem Inhalt:
Kurze Geschichte des Schachspiels — Eine Einführung — Das Material und die Regeln des Spiels — Die Eröffnungen — Das Spiel mit den Figuren — Das Endspiel — Fotos und Übungen mit Lösungen — Zusammenfassung (Tabellen)

Weltmeister lehren Schach

Hg. Fernschachweltmeister Jakow B. Estrin

240 Seiten — 16 Fotos — Pp.
2., neubearbeitete Auflage

Sämtliche Schachweltmeister trugen mit ihren Abhandlungen und Analysen zu diesem einzigartigen Lehr- und Lesebuch bei.

Dem schachinteressierten Leser werden vor allem zwei Dinge verdeutlicht; daß die zu Worte kommenden Weltmeister sämtlich auch hervorragende Schachpädagogen sind bzw. waren, die mit großem Geschick Einblick in ihre Denkweisen zu geben verstehen, und daß es berechtigt ist, von verschiedenen „Stilarten" der Schachmeister zu sprechen.

Kleine Schachbücherei, Band 13

Perlen der Schachspielkunst

von Vladimir Budde / Erich Carl / Peter Kleine

208 Seiten — 66 Diagramme — kart.

60 der größten Schachmeister aller Zeiten — von Philidor 1726-1795, bis Karpow, dem heutigen Weltmeister — werden in 60 Partien vorgestellt.

Das schönste Schach, das je gespielt wurde.

Das Buch zum Nachspielen. Die Partien werden jeden Schachspieler zum Ansporn für sein Spiel dienen.

Kleine Schachbücherei, Band 20

Garri Kasparow *von Vladimir Budde*

232 Seiten — Fotos — Diagramme — kart.

Unser Ziel ist es, das aktuellste und auch das beste deutschsprachige Buch über Garri Kasparow herauszubringen.

Das Buch beinhaltet außer den noch zu spielenden Weltmeisterpartien, die in Kurznotation aufgenommen werden, 40 Partien, wobei etwa 26 Partien aus dem Zeitraum 1982 bis 1984 stammen. Zwei Bundesligaspieler arbeiten bei der Erstellung des Bandes mit.

Joachim Beyer Verlag · 8607 Hollfeld/Ofr. · Postfach 1240 · Tel. (09274) 401

J. Awerbach — A. Kotow — M. Judowitsch

Das Schachbuch für Meister von morgen

228 Seiten — 48 Fotos — Diagramme — kart.

Ein Lehr- und Trainingswerk — nicht nur für den Nachwuchs

Das vorliegende Werk ist die Übersetzung eines der erfolgreichsten sowjetischen Schachbücher, das als Begleitbuch des sowjetischen Fernsehens herausgegeben wurde.
Alle drei Phasen des Schachspiels werden in einem Buch zusammengefaßt dargeboten. Verfaßt wurden sie von drei Schachgrößen, deren meisterliche Fähigkeiten auch als Schachpädagogen weltweiten Ruf genießen.

Teil I	**Geschichte und Theorie der Eröffnungen**
Teil II	**Kombinatorisches und positionelles Spiel**
Teil III	**Theorie und Praxis der Endspiele**

Moderne Verteidigung

von Vlastimil Hort, GM
Unter Mitarbeit von Otto Borik — 2., aktualisierte Auflage 1984

156 Seiten — 118 Diagramme — Fotos — kart.

Das Werk darf mit Recht als das umfangreichste bezeichnet werden, das zu diesem Themenkomplex erschienen ist. Die Auswertung und Zitierung von Hunderten von Großmeisterpartien (ca. 80 vollständig kommentiert) macht es für jeden Spieler, der mit der **Modernen Verteidigung** konfrontiert wird, als Nachschlagewerk unverzichtbar.

Eröffnungen — abseits aller Theorie

von Bernd Feustel — 2., neubearbeitete Auflage 1984

128 Seiten — 12 Fotos — 80 Diagramme — kart.

Im Zeichen einer immer mehr wissenschaftlich perfektionierten Eröffnungstheorie ist eigenschöpferisches, kreatives Schach rar geworden.

Es wendet sich an diejenigen Schachfreunde, die gewillt sind, eigene Wege zu gehen. Denen aber, die in ihrer Spielanlage ein eigenes, unverwechselbares Profil zu verwirklichen suchen, wird die Lektüre dieses Buches zahlreiche Anregungen und gewinnbringende Denkanstöße vermitteln.

Kleine Schachbücherei, Band 18

200 Schachrätsel von Günter Lossa

Kapriolen auf dem Schachbrett

152 Seiten — Fotos — 150 Diagramme — kart.

Wer hat nicht schon einmal in der Zeitung oder Illustrierten ein Schachdiagramm gesehen mit der Zeile: „Matt in zwei (oder drei . . .) Zügen."
Schachrätsel sind Schachprobleme mit betontem Rätselcharakter, die sich durch Humor in der Aufgabe, durch Witz, Pikanterie, überraschende Schlüsselzüge und ausgefallen Mattbilder auszeichen.

Joachim Beyer Verlag · 8607 Hollfeld/Ofr. · Postfach 1240 · Tel. (09274) 401